# Ja!
## genau

### Deutsch als Fremdsprache
Sprachtraining

Vera Menzel

# A2

# Ja genau! A2
## Deutsch als Fremdsprache
### Sprachtraining

Im Auftrag des Verlages erarbeitet von:
Vera Menzel

In Zusammenarbeit mit der Redaktion: Andrea Finster

Bildredaktion: Nicola Späth
Projektleitung: Gunther Weimann

Illustrationen: Joachim Gottwald
Layoutkonzept und technische Umsetzung: zweiband.media, Berlin
Umschlaggestaltung: Rosendahl Berlin

Weitere Kursmaterialien:
Kurs- und Übungsbuch A2/1 ISBN 978-3-06-024159-0
Audio-CD für den Kursraum A2/1 ISBN 978-3-06-024168-2
Kurs- und Übungsbuch A2/2 ISBN 978-3-06-024160-6
Audio-CD für den Kursraum A2/2 ISBN 978-3-06-024169-9
Handreichungen für den Unterricht ISBN 978-3-06-024173-6
Unterrichtshilfe interaktiv auf CD-ROM ISBN 978-3-06-024178-1

www.cornelsen.de

1. Auflage, 1. Druck 2011

Alle Drucke dieser Auflage sind inhaltlich unverändert und können im Unterricht nebeneinander
verwendet werden.

Druck: Himmer AG, Augsburg

ISBN 978-3-06-020463-2

 Inhalt gedruckt auf säurefreiem Papier aus nachhaltiger Forstwirtschaft.

# Inhalt

Das **Sprachtraining A2** bietet ergänzende Übungen zur Vertiefung und Wiederholung des Lernstoffs der beiden Bände des Kurs- und Übungsbuchs *Ja genau! A2*. Sie sind auf die Inhalte der entsprechenden Einheiten abgestimmt und eignen sich auch als Hausaufgaben.
Auf den Seiten *Leben in D A CH* werden zusätzliche Informationen, Lesetexte und Aufgaben zur Landeskunde in den deutschsprachigen Ländern angeboten.

# Flexibel und mobil

## Wortschatz

**1** Rund um Arbeit.

a) Lesen Sie die Sätze. Zu welchen Sätzen passen die Fotos? Ordnen Sie zu.

1. ☐ Sabine Weiß kann nicht den ganzen Tag arbeiten. (halbtags)

2. ☐ Klaus Albrecht erzieht seine Tochter allein. (alleinerziehend)

3. ☐ Max fährt jeden Tag zur Arbeit nach Anklam. (pendeln)

4. ☐ Unsere Chefin hat immer sehr viel Arbeit. (viel zu tun haben)

5. ☐ Viele Frauen haben Kinder und arbeiten. (verbinden)

6. ☐ Ich bin Verkäuferin in einer Bäckerei. Ich muss sehr früh aufstehen, den ganzen Tag stehen und Kunden bedienen. (meine Arbeit, anstrengend)

7. ☐ Ich habe mich beworben und eine gute Stelle gefunden. (Erfolg haben)

b) Sagen Sie es anders: Schreiben Sie einen neuen Satz mit den Wörtern in Klammern.

*Beispiel:*
1. Sabine Weiß kann nicht den ganzen Tag arbeiten. (halbtags)

> *Sabine Weiß arbeitet halbtags.*

**2** Was ist das? Lösen Sie das Rätsel.

1. Was braucht eine alleinerziehende arbeitende Mutter?
   ➤ eine gute ☐☐☐☐☐☐☐☐☐☐☐☐☐☐☐

2. Der Vertrag hat kein Kündigungsdatum.
   ➤ er ist ☐☐☐☐☐☐☐☐☐☐☐

3. Eine Stelle für acht Stunden pro Tag?
   ➤ eine ☐☐☐☐☐☐☐☐☐☐☐☐☐☐

4. Jeden Tag Arbeit, Kinder, Haushalt.
   ➤ aber der ☐☐☐☐☐☐ ist nie langweilig.

5. Pavel kommt zu spät und und sagt: „Der Bus ist nicht gefahren."
   ➤ er hat eine gute ☐☐☐☐☐☐☐

6. Wo kann man Tipps für die Arbeitssuche bekommen (ein Amt)?
   ➤ bei der ☐☐☐☐☐☐☐☐☐☐☐☐☐☐☐☐

**3** Verbinden Sie und schreiben Sie Sätze in der Ich-Form wie im Beispiel.

1. eine Veranstaltung
2. einen Job
3. den Kindergarten
4. die Papiere
5. einen Termin
6. eine Stunde zur Arbeit
7. jedes Wochenende
8. im Stau
9. die Stellenanzeigen

a) suchen
b) lesen
c) organisieren
d) pendeln
e) wechseln
f) stehen
g) fahren
h) ordnen
i) machen

*Ich organisiere eine Veranstaltung.*

**4** Nach dem Studium. Ergänzen Sie den Text. Achten Sie auf die richtige Verbform.

anstrengend • Arbeit • aufstehen • bewerben • bleiben • Firma • flexibel • gehen • halbe • in der Woche • Kollegen • pendeln • ~~studieren~~ • unbefristet • vermissen

Marcel hat Betriebswirtschaft _studiert_ ¹. Vor drei Monaten hat er sein Studium erfolgreich abgeschlossen. Er hat sich sofort bei vielen Firmen _____ ². In seiner kleinen Stadt Saarburg aber hat er keine _____ ³ gefunden. Dann hat er in Trier eine Vollzeitstelle in einer kleinen _____ ⁴ bekommen. Seine Freundin arbeitet in Saarburg und sie möchte dort _____ ⁵. Er muss jetzt zwischen Saarburg und Trier _____ ⁶. Jeden Tag fährt er mit dem Zug eine _____ ⁷ Stunde zur Arbeit. Das ist ein wenig _____ ⁸, aber Marcel ist zufrieden. In der Firma arbeiten 20 Angestellte und seine _____ ⁹ und Kolleginnen sind sehr nett. Sein Vertrag ist _____ ¹⁰ und die Arbeitszeiten sind _____ ¹¹. Man kann zwischen acht und zehn Uhr kommen und _____ ¹², wann man will. Man muss nur insgesamt 38 Stunden _____ ¹³ arbeiten. Natürlich muss Marcel jetzt auch früh _____ ¹⁴. Als Student hat er oft lange geschlafen. Das _____ ¹⁵ er manchmal.

**5** Drei Schüler/innen reden über ihre Berufswünsche. Lesen Sie die Stichpunkte und schreiben Sie.

*Naomi:*
– etwas mit Tieren machen
– halbtags arbeiten
– in einem Team arbeiten

*Dirk:*
– viel reisen
– nette Menschen kennenlernen
– viel Geld verdienen

*Mahmud:*
– Veranstaltungen organisieren
– mobil sein
– Familie und Beruf verbinden

*Naomi möchte etwas mit Tieren machen. Sie ...*

# Flexibel und mobil

## Grammatik

**6** Wiederholung Zeitangaben. Ergänzen Sie den Text.
Der Kasten hilft.

**Alltag in der Stadt**

_____¹ zwischen 7:30 und neun Uhr ist fast immer Stau. Alle fahren zur Arbeit.

_____² Vormittag kann man gut einkaufen. Die Supermärkte sind nicht so voll, denn viele

Menschen sind bei der Arbeit. Aber ca. _____³ 17 Uhr am _____⁴ machen sie

Feierabend und gehen nach Hause – oder erst einmal einkaufen. Auch _____⁵ Abend

gibt es Leute auf den Straßen: Sie gehen ins Kino, ins Theater oder sie treffen ihre Freunde.

Aber _____⁶ der Nacht ist es oft sehr ruhig.

_____⁷ Sommer haben die Kinder

_____⁸ Juli _____⁹ August sechs

Wochen Ferien. Dann ist die Stadt nicht mehr so

voll. Denn viele Menschen fahren in den Urlaub.

Aber jetzt sieht man viele Kinder und Jugendliche

auch _____¹⁰ im Freibad.

> **So geht's**
> *Monate + Jahreszeiten* ► *im Juli/Frühling*
> *Tage + Tageszeiten* ► *am Morgen/Mittwoch/5. Juli*
> *aber: in der Nacht*
> *Uhrzeiten um* ► *um 13 Uhr*
> *jeden Morgen = morgens; Dauer: von ... bis*

**7** Was sagen die Kinder aus Aufgabe 5? Schreiben Sie *dass*-Sätze. | 5 |

> *Naomi sagt, dass sie etwas mit Tieren machen möchte.*
> *Sie sagt auch, dass ...*

**8** Irina Schmolke ist Lehrerin und hat ein Gespräch mit der Direktorin. Was fragt die Direktorin,
was antwortet Frau Schmolke? Schreiben Sie Sätze mit *dass* und *ob*.

*Beispiel:*
Waren Sie im Ausland? → Die Direktorin fragt, ob Frau Schmolke im Ausland war.
Ja, ich war ein Jahr im Ausland. → Frau Schmolke antwortet, dass sie ein Jahr im Ausland war.

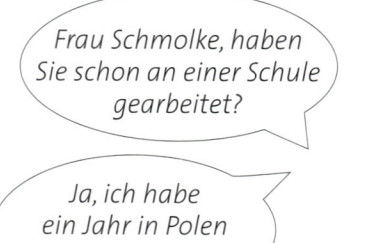

*Frau Schmolke, haben Sie schon an einer Schule gearbeitet?*

*Ja, ich habe ein Jahr in Polen unterrichtet.*

*Haben Sie dort viele Schüler unterrichtet?*

*Ich hatte drei Gruppen mit je 15 Kindern.*

*Haben Sie auch in Deutschland schon als Lehrerin gearbeitet?*

*Nein, leider habe ich hier noch nicht gearbeitet.*

**9** David hat die Stellenanzeige gelesen und möchte bei der Firma anrufen.
Er notiert sich die Fragen für das Gespräch. Lesen Sie und schreiben Sie *ob*-Sätze.

*Beispiel:*
Beginnt der Arbeitstag um 9 Uhr? → David möchte wissen, ob der Arbeitstag um 9 Uhr beginnt.

> **LKW-Fahrer gesucht**
> Wir suchen Fahrer für Transporte im
> In- und Ausland. Haben Sie einen
> FS Klasse CE und sind Sie flexibel?
> Dann rufen Sie uns an:
> **Meier & Co: 040-5563287**

– Ist es eine Vollzeitstelle?
– Ist Meier&Co eine große Firma?
– Sind die Arbeitszeiten flexibel?
– Muss ich oft ins Ausland fahren?
– Soll ich meine Bewerbung per Post oder
  per E-Mail schicken?

**10** Adjektive
a) Wiederholung. Ergänzen Sie die Sätze mit den Adjektiven. Es gibt viele Möglichkeiten.

anstrengend • klein • gut • laut • lustig • nett • neu • richtig • schnell • teuer • wichtig

Mein Arbeitstag ist _____ .       Das Auto ist _____ .

Unsere Kinder sind _____ .       Mein Hobby ist _____ .

Mein Kollege ist sehr _____ .       Die Antwort ist _____ .

Die Papiere sind sehr _____ .       Die Ausrede ist _____ .

b) Adjektive nach dem unbestimmten Artikel. Ergänzen Sie.

| Nominativ | Akkusativ | Dativ |
|---|---|---|
| David ist ein _____ Kollege. | Ich habe einen _____ Arbeitstag. | Ich fahre heute mit meinem _____ Auto. |
| Wo sind deine _____ Papiere? | Ich brauche ein _____ Hobby. | Er erzählt von seinem _____ Hobby. |
| Das war keine _____ Ausrede. | Ich suche meinen _____ Kollegen. | Ich bin bei meinen _____ Kindern. |

**11** Frau Schmolke und David haben den Job bekommen. Beide sind zufrieden, aber nicht alles
ist toll. Was erzählen Sie? Beschreiben Sie.

*Beispiel:* Arbeitsplatz ist fest → David hat jetzt einen festen Arbeitsplatz.
         viel organisieren → Frau Schmolke muss viel organisieren

~~Arbeitsplatz ist fest~~ • Fahrten sehr lang • oft nicht zu Hause • viel allein • Chef nett • Job ist gut bezahlt • auf der Straße ein freier Mann

Halbtagsstelle sicher • Weg kurz • Kolleginnen sehr freundlich • Kinder lieb • Arbeit sehr interessant • ~~viel organisieren~~ • ein wundervoller Beruf

## Lesen

**12** Was sind die „Großstadttiger"?
a) Lesen Sie den Text. Kreuzen Sie an.

GROßSTADT
Mit allen Sinnen Kind sein
TIGER

1. ein Kindergarten ☐

2. eine Betreuung für die Ferien ☐

3. eine Schule ☐

### Mit uns erleben Ihre Kinder spannende Ferientage in Berlin.

Mit dem Ferienprogramm von *Großstadttiger* erwartet die Kinder jeden Tag ein neues Abenteuer. Sie treffen sich täglich um neun Uhr im Büro in der Potsdamer Chausee 68 und bis 16 Uhr verbringen sie spannende Stunden mit anderen Kindern und unseren erfahrenen Betreuern. Die Tagesprogramme sind abwechslungsreich und versprechen viel Spaß.
Die Eltern haben das gute Gefühl, dass ihre Kinder beschäftigt und gut betreut sind. Es gibt immer zwei Programme zur Auswahl. So können die Kinder selbst entscheiden, ob sie lieber sportlich sein wollen oder ob sie basteln, ins Museum oder in den Zoo gehen wollen.
Das Programm und die Betreuer sind bilingual, die Kinder und die Betreuer können Englisch oder Deutsch sprechen und die Kinder lernen so im Spiel ein bisschen Englisch.
Sie können das komplette Ferienprogramm, aber auch einzelne Tage buchen.
*Das ausführliche Programm, die Preise und ein Anmeldeformular finden Sie auf unserer Website.*

Quelle: www.mamilade.net

b) Kreuzen Sie an: richtig oder falsch? Korrigieren Sie die falschen Sätze.

| | richtig | falsch |
|---|---|---|
| 1. Die Kinder übernachten bei den Großstadttigern. | ☐ | ☐ |
| 2. Die Eltern müssen die Kinder jeden Tag abholen. | ☐ | ☐ |
| 3. Die Kinder entscheiden, was sie machen wollen. | ☐ | ☐ |
| 4. Die Betreuer sprechen Deutsch und Englisch. | ☐ | ☐ |
| 5. Die Kinder müssen jeden Tag kommen. | ☐ | ☐ |
| 6. Das Programm kostet nichts. | ☐ | ☐ |

**13** Lesen die Anzeige. Welche Informationen bekommen Sie? Was fehlt?

In der Anzeige steht, dass man … / Man erfährt, dass,/…
Man erfährt nicht, ob …/wie …/wo …

*Kellner/in gesucht!*
Für unser Restaurant in der Altstadt suchen wir Personen zwischen 18–35. Bitte bei der Zeitung melden!

# Kommunikation

**14** Beschreiben Sie den Arbeitstag von Marcel.

morgens, 9 Uhr im Büro
E-Mails lesen und beantworten
mit Kunden telefonieren
an seinem Projekt arbeiten
13 Uhr Mittag essen
nachmittags Besprechung mit den Kollegen
17 Uhr Feierabend

> zuerst, dann, danach

> *Morgens kommt Marcel um neun Uhr ins Büro. Zuerst ...*

**15** Max Giebel beschreibt seinen Tag. Lesen Sie den Text und formulieren Sie W-Fragen zu jedem Satz. Schreiben Sie dann den Text als Dialog.

Ich komme aus Anklam. Aber in der Woche wohne und arbeite ich in Hamburg. Ich stehe täglich um halb sieben auf. Dann trinke ich Kaffee. Um 7:30 Uhr fahre ich zur Arbeit. Ich bin Konditor in einem großen Hotel. Bis zum Hotel brauche ich circa eine halbe Stunde. Ich verdiene nicht schlecht, 1200 € pro Monat. Um 16 Uhr habe ich Feierabend. Nach der Arbeit gehe ich einkaufen. Am Abend telefoniere ich mit meiner Frau, danach sehe ich fern oder treffe mich mit meinem Kollegen. Jedes Wochenende fahre ich nach Hause zu meiner Familie.

*Dialog:*

‹ Woher kommst du?

▍ Ich komme aus Anklam.

‹ Wo arbeitest du?

**16** Sie machen ein Praktikum in einem Büro. Der Chef/Die Chefin hat einige Bitten an Sie. Wie reagieren Sie?

1. Gleich haben wir eine Besprechung. Bitte kochen Sie Kaffee für uns!
2. Bleiben Sie heute bis 20 Uhr hier, wir haben viel Arbeit.
3. Ordnen Sie die Zeitschriften im Wartezimmer!
4. Sie müssen die Konferenz allein organisieren!
5. Bis morgen früh müssen Sie die 20 Ordner sortieren.
6. Der Drucker ist kaputt? Dann reparieren Sie ihn!
7. Können Sie nach der Arbeit noch Briefmarken kaufen?
8. Können Sie am Samstag kommen?
9. Bitte recherchieren Sie das im Internet.

| ☺ | ☹ |
|---|---|
| Ja, gern. | Tut mir leid, aber das geht nicht. |
| Aber sicher./Natürlich. | Ich habe einen Termin. |
| Kein Problem! | Entschuldigung, aber das ist zu schwer für mich. |
| Klar, das mache ich! | Das kann ich nicht. |
| Das mache ich gern. | Das ist nicht meine Aufgabe. |

# Wie die Zeit vergeht

## Wortschatz

**1** Morgens um sieben in D A CH. Was machen die Personen? Schreiben Sie Sätze.

1. *Der Vater weckt die Kinder.* _____

2. _____

3. _____

4. _____

5. _____

6. _____

7. _____

8. _____

**2** Mein Tag – meine Woche. Was machen Sie wann? Sammeln Sie Tätigkeiten.

fernsehen

 am Nachmittag

am Abend

duschen

einen Ausflug machen

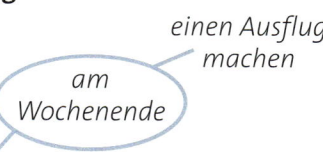 am Wochenende

**3** Mit allen Sinnen. Was passt besonders gut? Ordnen Sie zu.

eine Nachricht hören • fernsehen • Freunde begrüßen • aufräumen •
sich unterhalten • eine Notiz schreiben • atmen • die Uhr vorstellen • schnarchen •
etwas aufhängen • ein Buch lesen • sich wohl fühlen • weinen

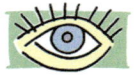                 

*fernsehen* _____   _____   _____   _____

# Grammatik

**4** Für viele beginnt so der Tag. Variieren Sie den Text: *Ich ... / Du ... / Wir ... / Ihr ...*

*Er:*

Er muss früh aufstehen und fühlt sich noch schrecklich müde. Dann geht er ins Bad, duscht und kämmt sich. Beim Frühstück unterhält er sich mit seiner Tochter über den Tag. Er trifft sich heute mit vielen Leuten. Langsam freut er sich auf seine Arbeit. Dann muss er sich auch schon beeilen und rennt zum Zug. Die Fahrt dauert eine halbe Stunde. Er liest Zeitung, denn er interessiert sich für Politik. Aber oft ärgert er sich über die Nachrichten.

*Ich muss früh aufstehen und fühle ...*

**5** Max Giebel und seine Frau Julia sprechen abends über den Tag. Ergänzen Sie die Verben im Perfekt.

sich ärgern über • sich beeilen • sich entschuldigen • sich fühlen • kaufen • machen • passieren • sich unterhalten • sich wohl fühlen

*Julia:* Na, wie war dein Tag?

*Max:* Leider nicht so gut. Ich _habe_ _mich_ _____ meinen Chef _____[1].

*Julia:* Warum das denn? Was _____ _____[2]?

*Max:* Gestern war ich im Stress und ich _____ _____ _____[3]. Dann _____ ich einen Fehler _____[4]: Eine Kundin wollte 20 Erdbeertörtchen für eine Feier im Büro und ich habe nur zehn gemacht. Sie war wütend. Ich _____ _____ natürlich sehr schlecht _____[5] und _____ sofort _____[6]. Sie _____ dann noch einen Schokoladenkuchen _____[7] und war am Ende ganz nett. Aber mein Chef hatte den ganzen Tag schlechte Laune und ich _____ _____ in der Bäckerei nicht mehr _____ _____[8].

*Julia:* Oh, wie unangenehm! Und dann?

*Max:* Na ja, später _____ wir _____ in Ruhe _____[9]. Er hat gesagt, dass ich nicht so hektisch sein soll.

*Julia:* Ja, das ist richtig. Du bist häufig zu schnell, aber meistens auch gut!

# Wie die Zeit vergeht

**6** Was passt: *an – auf – für – mit* oder *über*? Ergänzen Sie.

Pavel feiert heute seinen 30. Geburtstag! Er hat sich schon lange _____ [1]
seine Feier gefreut. Alle Freunde und Kollegen wollen kommen und hoffen
natürlich _____ [2] ein gutes Essen. Pavel macht russische Spezialitäten
und Maria hilft. Pavel hat _____ [3] alles gedacht: eine wunderschöne Torte,
Salate, Braten, Getränke. Na ja, an fast alles. Etwas hat er vergessen: die Servietten! Pavel
streitet sich _____ [4] Maria: Wer geht die Servietten kaufen? Pavel ärgert sich _____ [5]
seine Freundin: Es ist doch sein Fest! Aber dann geht er selbst. Als er wieder zu Hause ist, ist
schon alles fertig! Jetzt warten sie _____ [6] die Gäste. Dann kommen endlich alle und

bringen Geschenke. Pavel freut sich besonders _____ [7]
das Geschenk von seinem Großvater: ein Aquarium. Pavel
interessiert sich sehr _____ [8] Fische. Er unterhält sich
_____ [9] Klaus _____ [10] seine Lieblingfische. Dann
kommt Maria und sagt: „Jetzt tanzen wir aber!" Das Fest
dauert bis in die Nacht und alle haben viel Spaß.

**7** Sabine hat ein freies Wochenende. Sie fährt zu Ihrer Freundin nach Köln.
Sie hat eine Notiz für ihre Familie geschrieben. Aber Gregor kann sie nur schlecht lesen.
Fragen und antworten Sie wie im Beispiel.

**Tipp**
Benutzen Sie das Modalverb **sollen**.

> Worauf freut sich Sabine?

> Ich glaube, sie freut sich auf die Tage mit Claudia.

Meine Lieben,

Ich freue mich sehr *auf die Tage mit Claudia.*
Sie interessiert sich *sehr für euch.*
Lilli ist am Samstag mit Tante Ingrid verabredet. Sie muss *an das Geschenk denken.*
Die Tante freut sich doch immer *so über
neue Pflanzen.*
Gregor, bitte ärgere dich nicht *über den Nachbarn.* Du weißt doch, wie er ist. Und streitet
euch nicht *über den Abwasch,* und auch nicht
*über das Fernsehprogramm.* Macht lieber
einen Ausflug. Wartet am Sonntag nicht *auf
mich,* es kann spät werden.

Eure Mama

# Lesen

**8** Eine Umfrage: Worauf freuen Sie sich im Urlaub am meisten? Lesen Sie die Statistik und schreiben Sie Sätze wie im Beispiel.

*84 Prozent freuen sich auf Entspannung.*

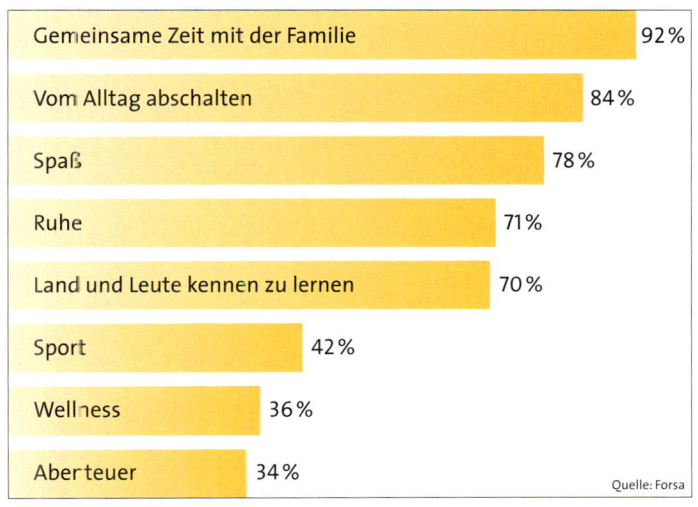

| | |
|---|---|
| Gemeinsame Zeit mit der Familie | 92% |
| Vom Alltag abschalten | 84% |
| Spaß | 78% |
| Ruhe | 71% |
| Land und Leute kennen zu lernen | 70% |
| Sport | 42% |
| Wellness | 36% |
| Abenteuer | 34% |

Quelle: Forsa

**9** Ein Interview.
a) Lesen Sie den Text und kreuzen Sie auf Seite 14 an: richtig oder falsch?

## Keine Zeit für Langeweile!

Wie verbringen die Rentner ihre Freizeit? Wir haben Mathilde und Kurt Menzel (86 und 82) in Duisburg besucht und mit ihnen gesprochen.

**Rentnerkurier: Herr und Frau Menzel, Sie sind seit etwa 12 Jahren Rentner. Langweilen Sie sich manchmal?**
M. Menzel: Nein, nein! Für Langeweile bleibt uns gar keine Zeit, oder, Kurt?

Boppard

K. Menzel: Langeweile kennen wir nicht, nein. Wir stehen jeden Morgen um sechs Uhr auf, frühstücken zusammen, lesen Zeitung und reden über die Nachrichten. Dann gehe ich oft in den Garten ...
M. Menzel: Und ich räume erst einmal auf. Danach male ich, meistens Tiere und Pflanzen. Nach dem Mittagessen gehen wir häufig spazieren und am Nach-

mittag legen wir uns für eine Stunde hin. Abends sehen wir fern, telefonieren, schreiben Briefe oder spielen Karten.
**Rentnerkurier: Aber immer zu Hause. Ist das nicht zu wenig Abwechslung?**
K. Menzel: Wir sind nicht immer zu Hause. Wir sind sehr aktiv, wir fahren fast jedes Wochenende in eine andere Stadt.
**Rentnerkurier: Jede Woche eine andere Stadt! Das ist ja toll!**
M. Menzel: Ja, wissen Sie, früher konnten wir nicht reisen. Wir haben viel gearbeitet, aber wir hatten nie viel Geld. Dann waren da ja auch die Kinder ... Jetzt sind sie groß und es geht ihnen gut. Also, warum nicht etwas von der Welt sehen?

Koblenz

Trier

**Rentnerkurier: Ja, Frau Menzel, das verstehe ich. Und was haben Sie diesen Sommer gesehen?**
M. Menzel: Wir entdecken gerade die Pfalz. Wir waren schon in Boppard, in Koblenz und in Trier.
K. Menzel: Nächste Woche fahren wir nach Cochem.

Cochem

**Rentnerkurier: Vielen Dank, Herr und Frau Menzel! Und viel Spaß in Cochem, die Stadt ist wunderschön!**

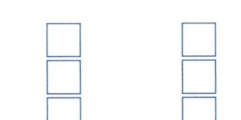

|  | richtig | falsch |
|---|---|---|
| 1. Kurt und Mathilde Menzel haben die Zeitung besucht und haben dort ihr Interview gegeben. | ☐ | ☐ |
| 2. Sie sprechen über die Rente. | ☐ | ☐ |
| 3. Sie sind sehr aktiv und machen gern Ausflüge. | ☐ | ☐ |
| 4. Sie waren schon in Cochem. | ☐ | ☐ |
| 5. Mathilde hat ein Hobby: Sie malt. | ☐ | ☐ |
| 6. Kurt und Mathilde Menzel langweilen sich nie. | ☐ | ☐ |

**b) Schreiben Sie die Sätze weiter.**

1. Kurt Menzel sagt, dass er und seine Frau um sechs ...
2. Mathilde Menzel erzählt, dass sie am Vormittag ...
3. Mathilde Menzel sagt, dass sie und ihr Mann früher ...
4. Herr und Frau Menzel erzählen, dass sie schon ...

# Kommunikation

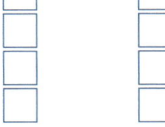

**10 Was erzählt Sabine?**
**a) Verbinden Sie.**

1. Morgens fühle ich mich oft          a) mit meiner Familie.
2. Alles muss schnell gehen            b) und freue mich auf den Arbeitstag.
3. Dann ärgere ich mich                c) und treffe mich mit Kunden und Kollegen.
4. Nach der Fahrt trinke ich Kaffee    d) und mache fünf Minuten Pause.
5. Ich mag meine Arbeit                e) über die Arbeit.
6. Täglich habe ich interessante Termine   f) über den Stau in der Stadt.
7. Aber nicht alle Aufgaben sind interessant   g) schon gestresst.
8. Meine Freizeit verbringe ich        h) und die Kinder müssen sich immmer beeilen.
9. Aber wir unterhalten uns oft        i) und manchmal langweile ich mich auch.

**b) Gregor erzählt, wie seine Frau den Tag verbringt. Was sagt er? Schreiben Sie Sätze.**

*1. Morgens fühlt sich Sabine oft schon gestresst.*
*2. Alles muss ...*

**11 Und wie verbringen Sie Ihre Woche? Beantworten Sie die Fragen und schreiben Sie einen Text (ca. 40–60 Wörter).**

– Wann stehen Sie von montags bis freitags auf? Und am Wochenende?
– Wann gehen Sie zum Deutschkurs?
– Was machen Sie am Abend und am Wochenende?
– Was machen Sie mit Ihren Kindern / Ihrem Mann /
  Ihrer Frau / Ihrem Freund / Ihrer Freundin / Ihren Freunden?
– Haben Sie ein Hobby?

*In der Woche stehe ich immer um ... auf. Dann ...*
*Um ... Am Abend gehe ich oft / mache ich / ...*

**12** Beate arbeitet in einem Restaurant. Sie braucht heute Abend einen Babysitter und ruft ihre Freunde an. Sie haben aber alle keine Zeit. Der Dialog beginnt immer so:

*Beate:* Hallo, hier ist Beate. Du, sag mal, hast du heute Abend vielleicht Zeit? Ich muss arbeiten – ja, meine Kollegin ist krank – und ich brauche dringend einen Babysitter für Leonie.

**Was antworten die Freunde? Notieren Sie die Antworten.**

**Jessica:** „Tut mir leid!"
– sich mit Rebecca verabreden
– einen spannenden Film sehen
– Karten schon gekauft

**Astrid:** „Das geht leider nicht."
– sich mit ihrem Freund treffen
– ein romantisches Abendessen
– schon lange geplant

**Eddi:** „Ich kann nicht."
– sich erkältet haben
– sich schlecht fühlen
– im Bett bleiben müssen

**13** Die vier Jahreszeiten: Worüber freuen oder ärgern Sie sich? Schreiben Sie einen Text.

Winter: viel Schnee, sehr kalt, dunkel, lange Abende, kurze Tage, schöne Feste, …

Frühling: viele Blumen, alles ist grün, die Vögel singen, es regnet oft, mehr Licht, …

Sommer: es ist heiß, Reisen, schwimmen gehen, draußen sein, …

Herbst: Pilze suchen, viele Farben, es regnet oft, Wind, …

*Sommer: Ich freue ich mich auf das Schwimmbad und auf die Reise nach …*

# Generationen

## Wortschatz

**1** Das Leben. Ordnen Sie die Wörter zu. Manchmal gibt es mehrere Möglichkeiten.

der Spielplatz • die Arbeit • Spaß haben • von zu Hause ausziehen • etwas erreichen • die Ehe • das erste Mal verliebt sein • der/die Rentner/in • Zeit haben • die Oberschule • das Abitur • das Leben genießen • Enkel haben • Kinder bekommen • der Kindergarten • viele Reisen machen • Erinnerungen haben

die Kindheit

die Jugend

das Alter

erwachsen sein

**2** Seit 70 Jahren Freunde! Ergänzen Sie Sie den Text.

Erwin und Hans haben schon immer in einem _____¹ gelebt.

Sie haben zusammen die kleine _____² besucht und am

Wochenende haben beide im _____³ gesungen. Nach dem

_____⁴ sind sie wieder in ihr Dorf zurückgekommen. Beide

haben eine Freundin aus ihrer Jugend geheiratet. Die _____⁵ von

Hans ist bis heute glücklich. Erika, die Frau von Erwin, ist vor einem Jahr leider

_____⁶. Beide Männer haben _____⁷. Hans

und Erwin passen gern auf sie auf. So unterstützen sie ihre Kinder und sie bleiben jung.

**3** Wörterpuzzle. Finden Sie das Wort und ordnen Sie die Bedeutung zu.

1. rmäutne _____ = [g]

2. ntuertzüents _____ = [ ]

3. enlgün _____ = [ ]

4. waerchens _____ = [ ]

5. zieauhsen _____ = [ ]

6. sich erlievenb _____ = [ ]

7. etwas aeffschn _____ = [ ]

8. niegeßen _____ = [ ]

a) Das ist man mit 18.
b) Zwei Menschen treffen sich und finden sich ganz toll.
c) Die Eltern geben z. B. den Kindern Geld für die Ausbildung.
d) Man hat Zeit, die Sonne scheint, man isst gut ...
e) Man sagt etwas, aber es ist nicht wahr.
f) Man geht aus dem Haus und hat eine eigene Wohnung.
g) Oft macht man es im Schlaf.
h) Man hat gearbeitet und hat etwas fertig gemacht.

**4** Meine Mutter– eine Biografie. Christina Lang erzählt.
**a) Was passt zusammen? Verbinden Sie.**

1. Meine Mutter ist leider          a) Vater kennengelernt.
2. Ich war 14 Jahre alt             b) sie hat mich immer unterstützt.
3. Das war hart, denn               c) ein eigenes Geschäft.
4. Ich habe sehr schöne             d) sehr glücklich.
5. Sie hat mit 20 meinen            e) auf sie.
6. Die Ehe war                      f) sehr früh gestorben.
7. Sie hat auch                     g) und noch nicht erwachsen.
8. Sie hatte                        h) Erinnerungen an sie.
9. Ich bin stolz                    i) viel erreicht.

**b) Schreiben Sie den Text in Ihr Heft. Benutzen Sie die Verbindungen aus a).**

*Meine Mutter ist leider sehr früh gestorben.*
*Ich war 14 Jahre alt und noch nicht ...*
*Das war hart, denn sie hat ...*

# Generationen

## Grammatik

**5** Sätze mit *als*: Verbinden Sie die Hauptsätze und schreiben Sie wie im Beispiel.

Beispiel: Ich war 6 Jahre alt. – Wir sind umgezogen.

Als ich 6 Jahre alt war, sind wir umgezogen.

Ich war 7 Jahre alt. – Ich bin in die Schule gekommen.
Ich war 10 Jahre alt. – Meine Oma ist gestorben.
Ich war in der 7. Klasse. – Ich habe mich zum ersten Mal verliebt.
Ich habe meinen 15. Geburtstag gefeiert. – Ich habe einen Hund geschenkt bekommen.
Ich war fertig mit der Schule. – Ich habe eine Stelle gesucht.
Ich habe als Verkäufer in einem Kaufhaus gearbeitet. – Ich war nicht zufrieden.
Ich habe meinen 30. Geburtstag gefeiert. – Ich wollte mein eigenes Geschäft haben.
Ich hatte den Wunsch nach einer Familie. – Ich bin zu einer Partnervermittlung gegangen.
Im Herbst 2008 war ich auf einer Reise. – Eine nette junge Frau hat mir geschrieben.
Ich bin zurückgekommen. – Wir haben uns getroffen und uns sofort verliebt.

**6** Verliebt – verlobt – verheiratet: Liebesgeschichten früher und heute. In dem Text fehlen Sätze mit *als*. Was passt? Schreiben Sie den Text in Ihr Heft.

– man konnte die ersten Kontaktanzeigen in den Zeitungen lesen
– man hatte noch kein Internet
– ~~unsere Eltern waren noch jung~~
– die ersten Kontaktbörsen waren im Internet
– man hat seinen Partner noch direkt gesucht
– man konnte sich noch beim ersten Kennenlernen in die Augen sehen
– die Ehe war auch eine wichtige Zweckgemeinschaft

Früher, als ___*unsere Eltern noch jung waren*___, ist man gern zum Tanztee gegangen. Die Damen

hatten Tanzkarten und die Männer haben auf diesen Karten einen Tanz mit der Frau reserviert.

Auf diesen Veranstaltungen, zu einer Zeit, als _____,

haben sich so viele Paare gefunden. Das war auch wichtig. Denn damals, als

_____, haben die Menschen oft schon mit Anfang 20

geheiratet. Schon bald, als _____,

hat man auch auf diesem Wege einen Partner oder eine Partnerin gefunden.

Dann, als _____, konnten die Menschen in der ganzen

Welt nach einem Partner oder einer Partnerin suchen. Das Angebot ist heute sehr groß, aber

man weiß nie, wie die Person im Netz wirklich ist.

Als _____, hat man sofort gewusst:

Das ist der oder die Richtige!

Was meinen Sie: War es früher, als _____, besser als heute?

**7** Das Fotoalbum. Ergänzen Sie *als* und die Modalverben im Präteritum!

Mathilde Menzel sitzt mit ihren Enkelkindern zusammen und sie sehen sich Fotos an. Frau Menzel erzählt: „Ach ja, das ist ein tolles Foto. Dieses Bild hat man gemacht, _____ [1] Opa 14 Jahre alt war und im Dorf arbeiten _____ [2].

Ja, eine schwere, aber auch schöne Zeit! Der Arbeitstag auf dem Land beginnt früh, deshalb _____ [3] Opa immer um vier Uhr aufstehen. Mittags _____ [4] er zusammen mit der Bauernfamilie essen. Das war gut, denn bei ihm zu Hause hatten sie nicht viel.

Oh, und dieses Foto ist aus der Zeit, _____ [5] wir geheiratet haben. Wir waren jung, verliebt und _____ [6] eine Familie haben! Natürlich _____ [7] wir nicht viel kaufen oder reisen, aber wir waren einfach glücklich. Der Krieg war vorbei und wir _____ [8] endlich in Ruhe leben und arbeiten.

Ja, und das seid ihr, _____ [9] ihr noch ganz klein wart. Eure Mutter hat gearbeitet und _____ [10] euch jeden Morgen zu uns bringen. Das habe ich sehr genossen. Wisst ihr noch? Ich habe oft Milchreis gekocht. Den _____ [11] ihr am liebsten jeden Tag essen."

**8** Aktiv im Alter. Wiederholung: Verben mit Präpositionen. Ergänzen Sie und schreiben Sie den Text in Ihr Heft.

Willy Meinold ist stolz _____ [1] seinen Seniorenklub. Alle im Klub sind _____ [2] neuen Freundschaften interessiert, sie möchten sich _____ [3] anderen Senioren _____ [4] ihre Probleme und Interessen unterhalten. Viele interessieren sich zum Beispiel _____ [5] Literatur. Die Klubmitglieder sind alle Rentner, oft fühlen sie sich nicht mehr gebraucht und ärgern sich _____ [6] die Langeweile! Sie wollen lieber etwas _____ [7] andere tun und sie freuen sich _____ [8] jede Aktion. Viele verabreden sich _____ [9] den anderen zum Sport und genießen das gemeinsame Training. Vor zwei Monaten ist Gertrud in den Klub gekommen. Willys Nachbar Hans – er ist auch schon allein – hat sich gleich _____ [10] sie verliebt. Alle haben sich so _____ [11] diese Liebesgeschichte gefreut! Jetzt träumen die beiden _____ [12] einer romantischen Hochzeit. Alle freuen sich schon _____ [13] das Fest und hoffen _____ [14] ein Happy End!

# Generationen

## Lesen

**9** Das Mehrgenerationenhaus.
a) Lesen Sie den Text. Welche Altersgruppen leben in einem MGH?

### Starke Leistung für jedes Alter

ALLEIN in Deutschland gibt es schon über 500 Mehrgenerationenhäuser. Das Konzept ist auch in der Schweiz und in Österreich beliebt und erfolgreich. Die MGH sind eine Antwort auf die Frage nach dem Zusammenleben von Jung und Alt. In immer mehr Ehen arbeiten beide Partner den ganzen Tag. Sie haben oft zu wenig Zeit für die Kinder und noch weniger Zeit für ihre Eltern.

Gleichzeitig gibt es immer weniger Kinder und immer mehr Menschen werden immer älter. Schon 2020 sind fast 30 Prozent über 60 Jahr alt.

*Jung und Alt beim ...*

In einem MGH leben vier Altersstufen zusammen in einem Haus oder einem Zentrum: Kinder und Jugendliche, Erwachsene, junge Alte (ab 50) und Hochbetagte (Menschen über 80). Für alle gibt es gleichberechtigte Angebote für ein besseres Leben: Kinderbetreuung, Freizeitaktivitäten, Hilfe im Haushalt und bei der Pflege von alten und kranken Menschen. Dafür gibt es Angestellte, denn der Staat unterstützt die Mehrgenerationenhäuser. Aber über 60 Prozent der Helfer und Helferinnen arbeiten freiwillig mit. Die Begegnung und die Zusammenarbeit von alten und jungen Menschen sind ein wichtiges Prinzip für die MGH. Deshalb gibt es auch immer einen „offenen Treff",

*... gemeinsamen Spiel*

zum Beispiel ein Café. Hier treffen sich die Menschen und finden Freunde in jeder Altersgruppe. Oft gibt es auch eine Gemeinschaftsküche und gemeinsame Feste. Alle profitieren von diesem Zusammensein von Alt und Jung.

nach: Broschüre „Starke Leistung für jedes Alter" des Aktionsprogramms Mehrgenerationenhäuser

b) Lesen Sie den Text noch einmal. Kreuzen Sie an: richtig oder falsch?

|  | richtig | falsch |
|---|---|---|
| 1. Mehrgenerationenhäuser gibt es nur in Deutschland. | ☐ | ☐ |
| 2. Schon 2020 ist fast ein Drittel der Deutschen über 60 Jahre alt. | ☐ | ☐ |
| 3. Ein Mehrgenerationenhaus ist ein Altersheim. | ☐ | ☐ |
| 4. In einem MGH bekommt man Hilfe für die Pflege von seinen alten Eltern. | ☐ | ☐ |
| 5. Viele alte Menschen passen freiwillig auf die Kinder in einem MGH auf. | ☐ | ☐ |
| 6. Es gibt keine Erzieher/innen und Krankenpfleger/innen. | ☐ | ☐ |
| 7. Viele Menschen aus dem MGH gehen lieber in ein Café in die Stadt. | ☐ | ☐ |
| 8. Manchmal kocht man zusammen. | ☐ | ☐ |
| 9. Das MGH hat für alle Vorteile. | ☐ | ☐ |

# Kommunikation

**10** Wie war das früher in der Schule? Paul hat viele Fragen an seinen Großvater.
Schreiben Sie den Dialog.

Paul

Wie/in der Schule?

mit den anderen reden/dürfen?

Unterricht interessant?

was lesen/müssen?

viele Hausaufgaben machen/müssen?

schrecklich?

Willi

↘ immer aufstehen und „Guten Morgen"
im Chor sagen/müssen

↙
↘ nein/dann in die Ecke müssen

↙
↘ manchmal ja/eine nette Deutschlehrerin,
gut erzählen/können

↗
↘ viele Gedichte

↙
↘ oft/viel schreiben müssen

↙
↘ nein/oft viel Spaß haben

**11** Ihr Großvater/Ihre Großmutter feiert den 80. Geburtstag. Sie können nicht zum
Geburtstagsfest reisen und schreiben eine Karte. Die Wörter helfen Ihnen.

*Lieber Opa / Liebe Oma,*
*herzlichen Glückwunsch*
*zum Geburtstag!*
*Leider...*

nicht kommen können • möchte sagen:
hart gearbeitet, viel geschafft und viel erreicht •
stolz auf dich sein • ein wunderbarer Opa /
eine wunderbare Oma • alles Gute wünschen •
an dich denken

*Als ich 19 war, habe*
*ich das Leben genossen.*
*Und was habt ihr mit 19*
*gemacht?*

**12** Willi, Kurt und Mathilde, Hans und Gertrud machen
einen Erinnerungsabend. Willi notiert das Alter und
die anderen sagen, was sie gemacht haben.

**a) Schreiben Sie die Antworten in Ihre Heft.**

19 *Kurt:* sich zum ersten Mal
verlieben; *Mathilde:* mit der
Lehre als Schneiderin fertig
sein; *Hans:* schon im Krieg
sein; *Gertrud:* das erste Kind
bekommen

30 *Willi:* eine neue Arbeit
finden; *Kurt:* seine Frau kennenlernen; *Mathilde:* endlich
eine Familie haben wollen;
*Hans:* nach Bonn gehen;
*Gertrud:* schon 2 Kinder
haben, wieder arbeiten gehen

45 *Willi:* viel Sport
treiben; *Kurt:* noch hart
arbeiten; *Mathilde:* eine
Halbtagsstelle bekom-
men; *Hans:* ein Auto kaufen; *Gertrud:* eine Reise
nach Spanien machen

**b) Und Sie? Was haben Sie mit 10, 20, 30, 40, ... gemacht?**

## Jahreszeiten

**1** Sehen Sie die Fotos an.
a) Machen Sie zu jeder Jahreszeit ein Wortspiel wie im Beispiel.

F _____     H _____     W _____

R _____     E _____     I _____

Ü _____     R _____     N _____

H _____     B _____     T _____

L _____     S _____     E _____

I _____     T _____     R _____

N _____

G _____

S onnenschein – den ganzen Tag
O ft baden gehen
M orgens ist es hell
M ittags ist es heiß
E is essen
R umliegen

**b) Wie verbringen Sie Ihre Zeit im Winter oder im Sommer? Antworten sie mit den Verben.**

machen • sich (nicht) langweilen • gehen (zu) • fahren (nach) • bleiben • sich ärgern über •
sich freuen auf • hoffen auf • sich treffen mit • sich unterhalten mit/über

**2** Sommerzeit – Reisezeit.

a) Sehen Sie sich die Statistik an. In welchem Land machen die Deutschen am liebsten Urlaub?

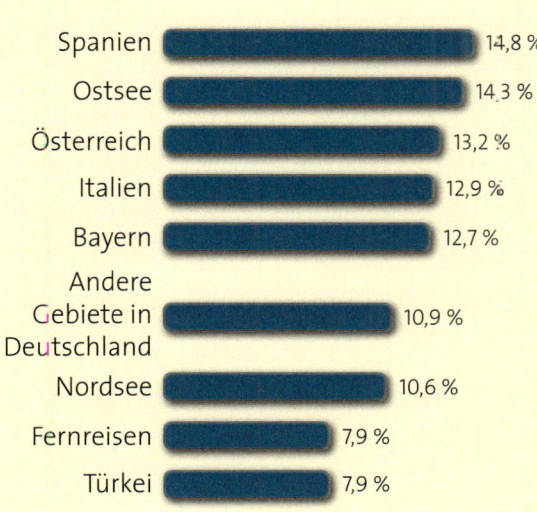

| | |
|---|---|
| Spanien | 14,8 % |
| Ostsee | 14,3 % |
| Österreich | 13,2 % |
| Italien | 12,9 % |
| Bayern | 12,7 % |
| Andere Gebiete in Deutschland | 10,9 % |
| Nordsee | 10,6 % |
| Fernreisen | 7,9 % |
| Türkei | 7,9 % |

Die Deutschen reisen gern. Fast jeder Deutsche fährt mindestens einmal im Jahr in den Urlaub. Die Hauptreisezeit ist der Sommer und fast 50 Prozent fahren ans Meer. Denn sie suchen Entspannung und wollen mit der Familie zusammen sein. Viele fahren an die Küsten von Deutschland (ca. 25 %) oder sie fahren in den Süden. Am liebsten nach Spanien (fast 15 %) oder in die Türkei (ca. 8 %). Denn dort scheint die Sonne. Wer nicht so gern am Strand liegt, geht lieber in die Berge, wandern oder klettern, zum Beispiel in die Nachbarländer Österreich und Schweiz. Auch Städtereisen sind sehr beliebt, aber eher für wenige Tage an einem langen Wochenende.

b) Lesen Sie den Text und die Statistik. Ergänzen Sie die Sätze.

1. Sehr viele verreisen im _____ .

2. Fast die Hälfte wollen Urlaub _____ _____ machen.

3. Beliebte Ziele im Süden sind _____ und die _____ .

4. Aber nicht alle wollen in der Sonne liegen, manche gehen auch _____ .

5. Die Deutschen sehen sich gerne _____ im Ausland an, vor allem in Italien.

**3** Ein Reisebericht. Lesen Sie den Text und beantworten Sie die Fragen.

1. Welche Fotos von Seite 22 passen zu dem Text?
2. In welchen Land war Lisl?
3. Was ist eine Almhütte? Kreuzen Sie an.

    a) ☐ ein kleines Haus in den Bergen
    b) ☐ eine Disko in den Bergen

---

**Sommer auf der Alm**

Mein Mann und ich waren Ende Juli auf dem Salzburger Almweg wandern. Wir sind in fünf Tagen von Bad Gastein bis Flachau gelaufen. Leider hat es am letzten Tag geregnet. Wir haben in Almhütten übernachtet, sie sind sehr gemütlich und das Essen ist sehr gut (der Kaiserschmarrn in der Steinhütte – ein Gedicht!) Auf der Unterwandalm gab es sogar richtigen Hüttenzauber mit Kaminfeuer und Live-Musik.

Das Wandern war anstrengend, denn es ging immer gut bergauf. Aber die Aussicht hat uns belohnt. Urlaub in den Bergen im Salzburger Land – das ist ein tolles Erlebnis. Nächstes Jahr wieder!

*Lisl, 36, Wien*

---

**4** Wie und wohin reisen Sie am liebsten? Erzählen sie im Kurs.

# Mein Zuhause

## Wortschatz

**1** Ergänzen Sie die Wörter. Denken Sie an den Artikel und die Pluralform.

*das Rollo, die Rollos*

**2** Simay und Merhad planen ihren Umzug. Sie machen eine Liste. Ergänzen Sie die Verben. Rechts unten finden Sie Hilfe.

1. alte Wohnung _____
2. den Mietvertrag _____
3. in den Baumarkt _____: Farben und Pinsel _____
4. Kisten _____,
5. einen LKW _____,
6. alte Sachen _____,
7. neue Wohnung _____: die Decken weiß _____.

gehen • kaufen • kündigen •
mieten • packen • renovieren •
streichen • unterschreiben •
wegwerfen

**3** Irina und Thomas bekommen ein Kind. Ergänzen Sie den Text.

aufstellen • einrichten • fröhlich wirken • renovieren • streichen •
~~verändern~~ • verändern • wählen • wegwerfen

Ihr Leben _*verändert*_ [1] sich, also müssen sie auch die Wohnung _____ [2].

Sie _____ [3] sie und _____ ein Kinderzimmer _____ [4].

Thomas will die Wände und die Decken bunt _____ [5]. Er _____ [6] warme Farben:

Es soll _____ _____ [7]. In dem Zimmer stehen noch alte Möbel und Thomas

sagt, dass er sie gern _____ [8] will. Jetzt müssen sie Kindermöbel _____ [9]!

**4** Glück im Unglück. Was ist passiert? Schreiben Sie einen Text.

Thomas hat zu viel Farbe gekauft und wollte auch das Bad streichen.

1. eine Leiter in die Mitte stellen

2. der Boden, feucht / fast von der Leiter fallen

3. sich am Schrank festhalten können / nichts Schlimmes passieren

# Grammatik

**5** Pia bekommt Besuch von ihren Eltern. Deshalb räumt sie auf. Was macht Sie? Schreiben Sie Sätze und benutzen Sie die Verben + Akkusativ.

hängen • stellen • legen • räumen

1   2   3   4

5   6   7   8

* der Geschirrspüler

**6** Maria sucht ihre Monatskarte. Wo sucht sie? Ergänzen Sie den Text und benutzen Sie den Dativ.

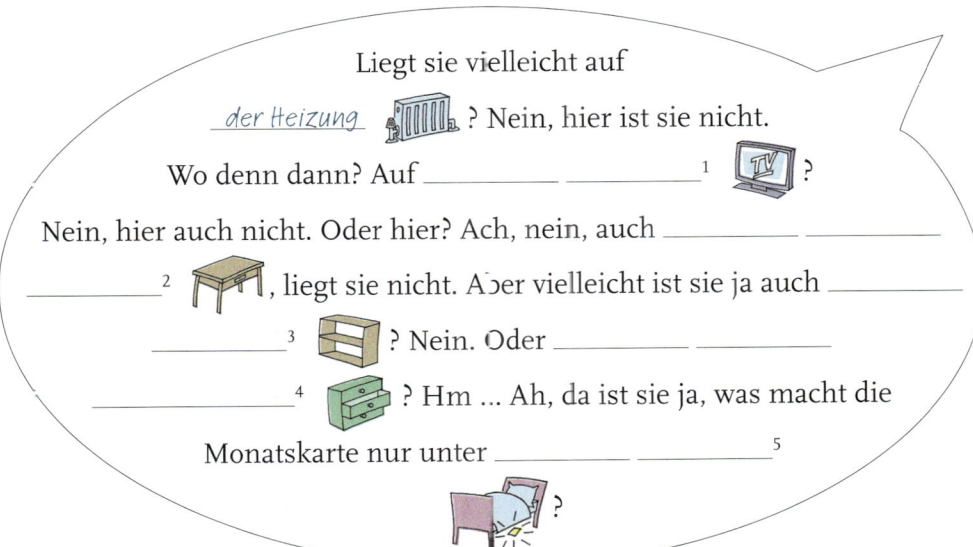

Liegt sie vielleicht auf

_der Heizung_ ? Nein, hier ist sie nicht.

Wo denn dann? Auf _____ _____ 1 ?

Nein, hier auch nicht. Oder hier? Ach, nein, auch _____

_____ 2 , liegt sie nicht. Aber vielleicht ist sie ja auch _____

_____ 3 ? Nein. Oder _____

_____ 4 ? Hm ... Ah, da ist sie ja, was macht die

Monatskarte nur unter _____ _____ 5

? 

**7** Sabine Weiß muss für ihre Firma zu einem Kongress fahren. Sie hat ein tolles Hotelzimmer bekommen. Abends beschreibt sie es Gregor. Schreiben Sie den Text weiter.

Wo steht/liegt: das Bett / der Fernseher / der Schreibtisch / der Stuhl / das Telefon / die Lampe

Gegor: Na, wie ist denn dein Zimmer? Ist es gemütlich?
Sabine: Ja, es ist ganz nett. An den Fenstern hängen dunkle Gardinen und man kann in dem Zimmer gut schlafen. Mein Bett steht
_in der Mitte und gegenüber hängt_

# Mein Zuhause

**8** Unser neues Wohnzimmer. Ergänzen Sie die Präpositionen.

Wir haben renoviert und jetzt sieht unser Wohnzimmer ganz anders aus. _____[1] der rechten Seite gibt es jetzt einen Kamin. _____[2] dem Kamin hängt ein Spiegel und _____[3] dem Spiegel noch ein kleines Regal. _____[4] dieses Regal haben wir kleine Vasen und Fotos gestellt. _____[5] die andere Wand, also _____[6] vom Kamin haben wir ein gemütliches Sofa gestellt. _____[7] dem Sofa steht ein kleiner Tisch. _____[8] diesem Tisch trinken wir abends Tee oder spielen etwas. _____[9] den Fenstern haben wir keine Rollos mehr, denn sie waren ungemütlich. Jetzt hängen dort Gardinen. _____[10] der Mitte liegt ein weißer Teppich. Die alte Lampe _____[11] der Decke ist geblieben. _____[12] der linken Ecke und _____[13] dem Bücherregal stehen Pflanzen.

**9** Monika Berger besucht eine Freundin und findet, dass sie ihre Möbel auch nach Feng Shui umräumen soll. Ergänzen Sie die Verben.

stehen/stellen • liegen/legen • sitzen/setzen • hängen

Oh, hier muss man viel verändern! Dein Bett, zum Beispiel _____[1] jetzt unter dem Fenster. Man muss es aber an die Wand _____[2]. Dann _____[3] in deinem Schlafzimmer noch Pflanzen, wir _____[4] sie jetzt alle ins Wohnzimmer, ja? Vor dein Bücherregal _____[5] wir ein Tuch. An deiner Wand _____[6] ein sehr dunkles Bild, wir werfen es weg, ist das okay? Auf das Sofa im Wohnzimmer _____[7] wir ein paar Kissen. Du _____[8] doch so gern dort, also soll es auch gemütlich sein. Wie gefällt dir das?

**10** Viele Pläne. Wiederholung: *dass*–Sätze und Modalverben. Was glauben die Leute und was wollen sie machen? Schreiben Sie Sätze wie im Beispiel.

> *Ordnung brauchen, viele Sachen wegwerfen / die Möbel umstellen*
>
> Monika

> *seine Wohnung ist zu klein, umziehen / eine neue Wohnung suchen*
>
> Marcel

> *ihre Nachbarn sind zu laut, sich bei ihnen beschweren*
>
> Sabine

> *sein Wohnzimmer wirkt kühl, Wände streichen / eine warme Farbe kaufen*
>
> Max

*Monika glaubt, dass sie Ordnung braucht. Sie muss viele Sachen wegwerfen und sie will die Möbel umstellen.*

# Lesen

**11** Ein Brief von der Hausverwaltung.
a) Lesen Sie den Brief. Wer ist ...

1. der Empfänger?
2. der Absender?

---

An die Mieter des Hauses
Blücherstraße 46
10961 Berlin

Berlin, 28. 11. 2012

Sehr geehrte Damen und Herren,

viele Mieter haben uns geschrieben, dass es in den letzten Wochen Probleme mit der
Klingelanlage gegeben hat. Deshalb haben wir gestern die Anlage abgeschaltet. Sie
wissen, dass die Firma Domophone unser Haus betreut. Wir haben Domophone über
den Defekt informiert. Morgen sollen die Techniker kommen und wir hoffen, dass sie
das Problem schnell beheben können. Die Kosten für die Reparatur trägt die Firma
selbst. Bitte kontrollieren Sie danach Ihre Klingel. Bei Fragen oder neuen Problemen
kontaktieren Sie bitte uns oder Herrn Potschinski von der Firma Domophone:

Karl Potschinski
Lausitzer Straße 104
10111 Berlin
Tel.: 030 658 77 93

Wir wünschen Ihnen eine schöne Adventszeit
und verbleiben mit freundlichen Grüßen
Hausverwaltung SWGB
Deniz Özdamar

---

b) Lesen Sie den Brief noch einmal. Kreuzen Sie an: richtig oder falsch?

|  | richtig | falsch |
|---|---|---|
| 1. Herr Özdamar hat den Brief drei Tage vor Weihnachten geschrieben. | ☐ | ☐ |
| 2. Es gibt Probleme mit der Klingelanlage. | ☐ | ☐ |
| 3. Die Techniker haben sie gestern repariert. | ☐ | ☐ |
| 4. Am 29. 11. ist die Anlage nicht in Betrieb. | ☐ | ☐ |
| 5. Die Mieter müssen für die Reparatur zahlen. | ☐ | ☐ |
| 6. Deniz Özdamar arbeitet bei der Firma Domophone. | ☐ | ☐ |
| 7. Die Mieter können bei Herrn Potschinski anrufen. | ☐ | ☐ |

# Mein Zuhause

**12** Der schreckliche Wasserhahn. Lesen Sie den Aushang. Was ist richtig? Kreuzen Sie an.

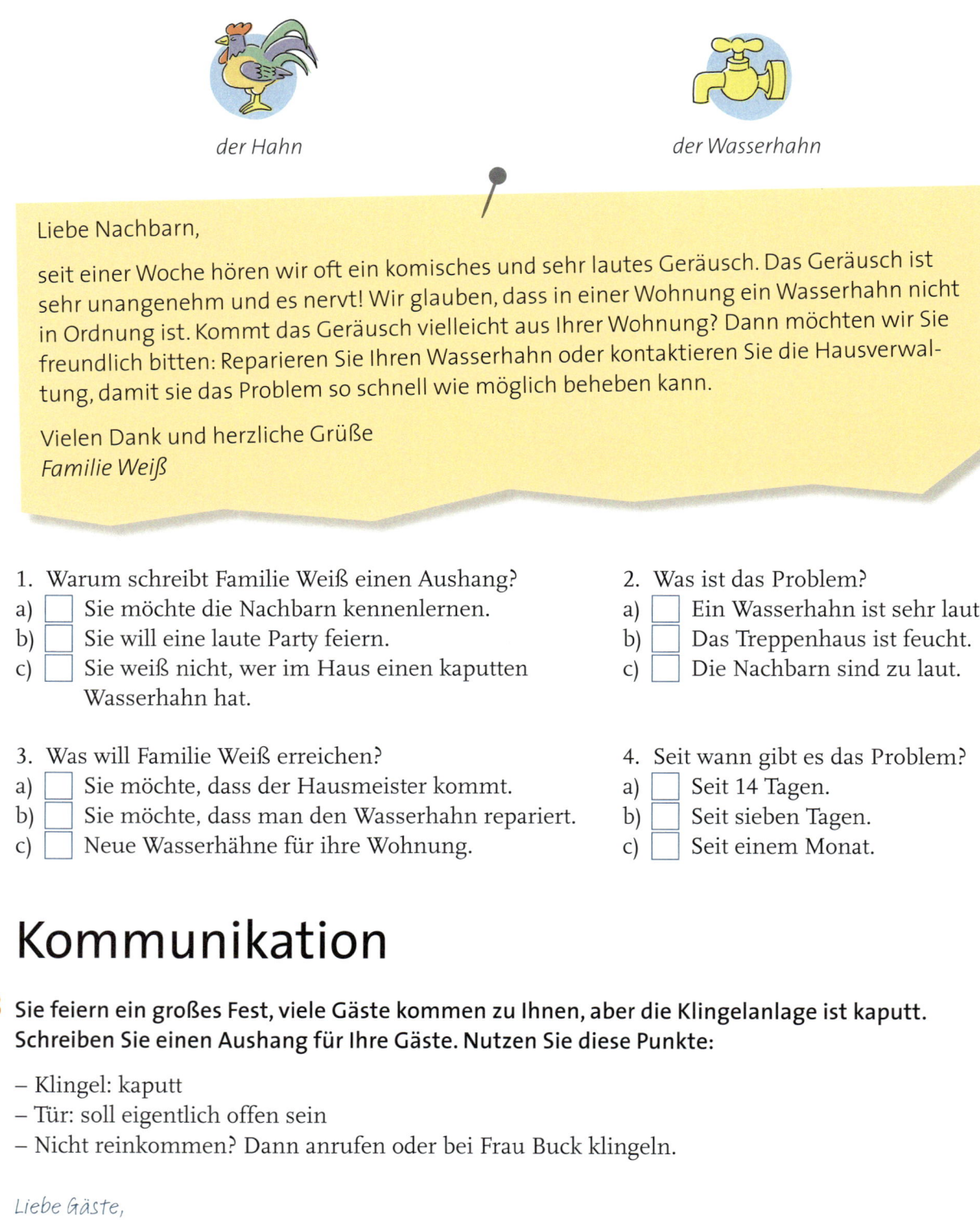

*der Hahn*

*der Wasserhahn*

Liebe Nachbarn,

seit einer Woche hören wir oft ein komisches und sehr lautes Geräusch. Das Geräusch ist sehr unangenehm und es nervt! Wir glauben, dass in einer Wohnung ein Wasserhahn nicht in Ordnung ist. Kommt das Geräusch vielleicht aus Ihrer Wohnung? Dann möchten wir Sie freundlich bitten: Reparieren Sie Ihren Wasserhahn oder kontaktieren Sie die Hausverwaltung, damit sie das Problem so schnell wie möglich beheben kann.

Vielen Dank und herzliche Grüße
*Familie Weiß*

1. Warum schreibt Familie Weiß einen Aushang?
a) ☐ Sie möchte die Nachbarn kennenlernen.
b) ☐ Sie will eine laute Party feiern.
c) ☐ Sie weiß nicht, wer im Haus einen kaputten Wasserhahn hat.

2. Was ist das Problem?
a) ☐ Ein Wasserhahn ist sehr laut.
b) ☐ Das Treppenhaus ist feucht.
c) ☐ Die Nachbarn sind zu laut.

3. Was will Familie Weiß erreichen?
a) ☐ Sie möchte, dass der Hausmeister kommt.
b) ☐ Sie möchte, dass man den Wasserhahn repariert.
c) ☐ Neue Wasserhähne für ihre Wohnung.

4. Seit wann gibt es das Problem?
a) ☐ Seit 14 Tagen.
b) ☐ Seit sieben Tagen.
c) ☐ Seit einem Monat.

# Kommunikation

**13** Sie feiern ein großes Fest, viele Gäste kommen zu Ihnen, aber die Klingelanlage ist kaputt. Schreiben Sie einen Aushang für Ihre Gäste. Nutzen Sie diese Punkte:

– Klingel: kaputt
– Tür: soll eigentlich offen sein
– Nicht reinkommen? Dann anrufen oder bei Frau Buck klingeln.

*Liebe Gäste,*

*leider* _____

_____

_____

*Wir freuen uns auf euch!*
*Eure*

**14** Ihr Briefkasten ist kaputt. Schreiben Sie einen offiziellen Brief an die Hausverwaltung. Nutzen Sie die folgenden Punkte und vergessen Sie nicht das Datum und die Unterschrift.

– seit zwei Tagen kaputt sein
– nicht aufmachen können
– schon sehr voll
– das Problem so schnell wie möglich beheben

_____

_____

_____

_____

**15** Sie haben Ihr Wohnzimmer renoviert und alles umgestellt. Das möchten Sie Ihren Freunden erzählen. Schreiben Sie eine E-Mail, benutzen Sie das Perfekt. Nutzen Sie die folgenden Punkte.

Liebe …

wir haben vor einer Woche renoviert. Das war viel Arbeit!
Wir haben
– alle Möbel umstellen
– die Decken und die Wände in Grün streichen
– den Tisch an die Wand stellen
– ein buntes Bild an die Wand hängen
– einen neuen Teppich auf den Fußboden legen
– im Wohnzimmer eine Ecke für Pflanzen einrichten
– neue Lampen kaufen

Es ist jetzt sehr gemütlich. Kommt uns doch mal besuchen!
Liebe Grüße

**16** Sprichwörter. Was heißt das? Kreuzen Sie an.

1. „Lieber einmal abbrennen als dreimal umziehen." (_Benjamin Franklin_)
   Quelle: http://www.umzug.info/sprueche-zum-umzug.htm

a) ☐ Ein Umzug kann sehr teuer werden.
b) ☐ Für den Umzug braucht man eine Umzugsfirma.
c) ☐ Nach dem Umzug ist immer etwas kaputt oder weg.

2. „Zu Hause bin ich König."
   Quelle: H. und A. Beyer, „ Sprichwörterlexikon", Bibliographisches Institut, Leipzig, 1989

a) ☐ Mein Zuhause ist sehr schön.
b) ☐ Ich habe zu Hause alles.
c) ☐ Ich darf zu Hause alles machen, was ich will.

# Rund ums Geld

## Wortschatz

**1** Welche Verben passen? Ordnen Sie zu.

abheben • aufnehmen • ausgeben • eröffnen • überweisen • überziehen •
unterschreiben • zurückzahlen • zuschicken

Geld _____  _____  _____  _____

ein Konto _____  _____

einen Vertrag _____  _____

einen Kredit _____  _____


**2** Was macht man bei einer Bank *nicht*? Streichen Sie durch!

1. a) ein Konto eröffnen
   b) Überstunden machen
   c) Bücher lesen

2. a) eine Überweisung ausfüllen
   b) einen Kredit aufnehmen
   c) ein Video ausleihen

3. a) den Mietvertrag unterschreiben
   b) sein Konto überziehen
   c) seine Schulden zurückzahlen

4. a) Geld abheben
   b) den Reifendruck überprüfen
   c) eine Kreditkarte beantragen

5. a) einen Dauerauftrag einrichten
   b) auf die Energieklasse achten
   c) einen Dispo-Kredit bekommen


**3** Ein Freund/eine Freundin hat ein Problem,
Sie geben Tipps. Schreiben Sie. Ein Spiegel hilft.

einen Dauerauftrag einrichten
das Geld überweisen
dein Konto überziehen
einen Kredit aufnehmen

*Ich habe einen neuen Job. Sie zahlen aber nicht in bar, was kann ich tun?*

*Du musst bei der Bank ein Konto einrichten.*

1. Ich habe eine Rechnung aus Frankfurt bekommen. Wie soll ich sie bezahlen?

   _____

2. Wir wollen eine Wohnung kaufen und wir haben auch schon 20 000 Euro gespart,
   aber wir brauchen noch 100 000 Euro.

   _____

3. Bis zum nächsten Monat brauche ich 200 Euro, ich möchte aber keinen großen Kredit
   aufnehmen.

   _____

4. Jeden Monat muss ich meine Miete, den Strom und die Kitagebühr überweisen.
   Geht das nicht auch automatisch?

   _____

**4** Wir geben zu viel Geld aus! Was kann man tun? Sammeln Sie.

*1. neuer Kühlschrank*

*2. Fahrrad statt Auto*

*3. Energiesparlampen*

*4. die billigen Produkte*

*1. Den alten Kühlschrank wegschmeißen.*
*Ein neuer Kühlschrank verbraucht weniger Strom.*

# Grammatik

**5** Das liebe Geld. Schreiben Sie Nebensätze mit *weil*.

*Beispiel:*
Ich habe keinen Kredit bekommen.   Ich habe keine feste Arbeit.
Ich habe keinen Kredit bekommen,   weil ich keine feste Arbeit habe.

1. Wir haben die Bank gewechselt. Die Gebühren waren zu hoch.

   _____

2. Wir haben hohe Heizungskosten. Der Winter war so kalt.

   _____

3. Der Bankautomat hat Ihre Karte eingezogen. Sie haben dreimal die falsche Geheimzahl eingegeben.

   _____

4. Familie Jürgens freut sich sehr. Die Bank hat sie beim Hauskauf unterstützt.

   _____

5. Die Bank hat das Geld auf mein Konto zurückgebucht. Ich habe die Überweisung nicht korrekt ausgefüllt.

   _____

6. Man kann jetzt auch nachts Geld überweisen. Es gibt Service-Automaten.

   _____

**6** So viele Wünsche! Diese Personen beantragen einen Kredit. Warum?

*Herr Treis*

*Frau Lenz*

*Barbara*

*Tom*

*Elke Schnipp*

*Jan und Elli*

*1. Herr Treis möchte einen Kredit aufnehmen, weil er ein Haus bauen möchte.*

# Rund ums Geld

**7** Umzugschaos. Wo passt was? Ordnen Sie zu und schreiben Sie die Sätze in Ihr Heft.

1. der große Schrank   5. den großen Schrank   6. dem großen Schrank   2. das gelbe Sofa
12. dem gelben Sofa   3. die rote Lampe   9. der roten Lampe   4. dem alten Schreibtisch
13. die schwere Kiste   8. die schwarzen Regale   11. der schweren Kiste
7. den alten Schreibtisch   10. den schwarzen Regalen   14. der alte Schreibtisch

a) *Nominativ:*   Sieh mal, _____ steht/stehen an der Wand.

b) *Akkusativ:*   Bitte stell _____ in die Mitte.

c) *Dativ:*   Denn unter _____ liegt der Mietvertrag.

**8** Lesen Sie den Text: *Nominativ (N), Akkusativ (A)* oder *Dativ (D)?* Ordnen Sie zu und schreiben Sie den Text in Ihr Heft.

🌻 *Tipp*
> Wer? oder Was? = Nominativ
> Wen? oder Was? = Akkusativ
> Wem? oder Wo? + (Präp.) = Dativ

Sandra hat **einen tollen Arbeitsplatz** [A] gefunden.

Sie arbeitet in **dem neuen Krankenhaus**[1] ☐ neben **dem großen Einkaufs-**

**zentrum**[2] ☐. Jetzt braucht sie Geld, weil sie **eine teure Wohnung**[3] ☐ im Stadt-

zentrum gemietet hat. **Die junge Frau**[4] ☐ hat an **der Freien Universität**[5] ☐

studiert und die Stelle ist **ein guter Start**[6] ☐ ins Berufsleben. Sie mag **ihre neuen**

**Kolleginnen**[7] ☐, denn alle sind freundlich und helfen immer gern. Nach **dem anstrengenden**

**Arbeitstag**[8] ☐ ist Sandra oft müde, aber sie freut sich jeden Abend, wenn sie in **ihre schöne**

**Wohnung**[9] ☐ zurückkommt und **die neuen schicken Möbel**[10] ☐ sieht. **Die tollen**

**Sachen**[11] ☐ hat sie selbst gekauft. Sie hat vor **dem stressigen Umzug**[12] ☐ **einen günstigen**

**Kredit**[13] ☐ aufgenommen. Sie kann das Geld in vier Jahren zurückzahlen.

**9** Der neue Wagen. Ergänzen Sie die Endungen.

der Kofferraum

*Frau Doneker erzählt:*

„Wir haben letzte Woche ein neu_____ Auto gekauft! Das

macht das täglich_____ Leben viel leichter. Mit dem

groß_____ Auto bin ich flexibel. Ich muss auch den

wöchentlich_____ Einkauf nicht mehr bis nach Hause tragen. Ich kann die schwer_____ Tüten

einfach in den groß_____ Kofferraum legen und bis vor die Haustür fahren. Auch den lang_____

Weg zur Arbeit fahren wir jetzt mit dem Auto. Das einzig_____ Problem ist der stressig_____

und anstrengend_____ Straßenverkehr, besonders die lang_____ Staus auf der voll_____ Auto-

bahn. Aber wir freuen uns über den neu_____ Wagen – er gibt uns mehr Freiheit."

**10** Shopping. Sie haben einen Gutschein geschenkt bekommen.
Was kaufen Sie? Schreiben Sie wie im Beispiel!

€ 19,80

€ 49,95

€ 19,99

€ 24,95

billig
€ 14,99

klein
€ 34,99

€ 32,95

€ 49,00

# Gutschein
## im Wert von:
### 50,00 Euro

*Ich möchte die bunte Tasse und die schwarze Vase (nicht) kaufen.*

*Die bunte Tasse und die schwarze Vase sind (nicht) schön.*

**11** Wiederholung: Nebensätze mit *als*. Geld und Geschichte. Schreiben Sie Sätze wie im Beispiel
und ordnen Sie die Fotos zu.

A

B

C

D

*Beispiel:*
Als die Menschen alles selbst produziert haben, konnte man noch sehr gut ohne Geld leben.

a) Man hatte noch kein Papiergeld
b) Man hat am 1. Januar 2002 den Euro eingeführt.
c) Der 2. Weltkrieg war seit drei Jahren vorbei.
d) Der Erste Weltkrieg war zu Ende.

1. _____, hat man nur mit Münzen bezahlt. ☐

2. 1919, _____, hat in Deutschland eine ☐
   dramatische Inflation begonnen.

3. 1948, _____, hat man die Deutsche Mark ☐
   eingeführt.

4. _____, hat sich in Deutschland ☐
   und in Europa viel verändert.

# Rund ums Geld

## Lesen

**12** Lesen Sie die Texte und die Aussagen. Ordnen Sie die Texte zu. Zu einer Aussage gibt es keinen Text, dort setzen Sie ein X ein.

 1. Ach, was brauche ich schon? Ich habe ja schon alles. Für mich kaufe ich nur Lebensmittel, Drogerieartikel und natürlich Medikamente. Aber für meine Enkelkinder kaufe ich auch Geschenke, zum Beispiel Malbücher und Farben. Sie malen sehr gern.

 3. Na ja, ich bin Mutter von vier Kindern. Da bleibt wenig Zeit und Geld für eigene Interessen. Das meiste Geld gebe ich für die Kinder aus. Aber ich gehe gern auf Flohmärkte. Dort kaufe ich am liebsten alte Bücher.

 2. Ich bin Student und lebe sehr sparsam. Ich bin allein und gebe nicht viel aus, aber ich reise sehr gern. Reisen bedeutet für mich Freiheit und ist eine Quelle für neue Ideen. Ich spare jeden Monat etwas Geld für die nächste Reise.

 4. Ich kriege jede Woche fünf Euro Taschengeld und kaufe mir meistens Eis oder Schokolade. Manchmal gehe ich auch mit einer Freundin in die Stadt und kaufe ein günstiges T-Shirt oder eine CD. Aber etwas Geld spare ich auch immer für Weihnachtsgeschenke.

Text

1. Er oder sie hat eine große Familie und kann nicht viel Geld für sich ausgeben. Aber er oder sie liebt alte Dinge. ☐

2. Er oder sie gibt das Geld für notwendige Dinge aus: Essen, Trinken, Gesundheit etc. Aber auch für Geschenke. ☐

3. Er oder sie liebt süße Sachen, aber er oder sie denkt auch an andere. ☐

4. Er oder sie liebt schnelle Autos, teure Kleidung und weite Reisen. ☐

5. Teure Sachen sind für ihn oder sie nicht so wichtig. Das ist gut, denn er oder sie hat nicht viel Geld. Aber eine Reise im Jahr muss sein. ☐

**13** Lesen Sie den Beitrag im Internet-Forum. Wie spart Dieter?

### Hilfe, ich gebe zu viel Geld aus!

gefragt von ANGELIKA am 26. 06. um 21:50 Uhr

Ich habe schon am 20. des Monats kein Geld mehr. Ich muss dringend sparen. Wer hat Tipps für mich?

Antwort von DIETER am 26. 06. um 22:12 Uhr

Ich bin sehr sparsam. Beim Einkaufen achte ich immer auf die Sonderangebote und ich vergleiche die Preise in verschiedenen Geschäften. Auch im Haushalt kann man viel sparen. Energiesparlampen sind sehr effizient! Das habe ich bei meiner letzten Stromrechnung sofort gesehen. Beim Kochen nehme ich nur so viel Wasser wie nötig und benutze immer einen Deckel, dann dauert es nicht so lange, bis das Wasser kocht. Ach ja, und beim Waschen kann man auch sparen. Wir waschen immer nur bei 40 oder 60 Grad und nur, wenn die Maschine auch voll ist. Das Benzin ist jetzt sehr teuer und ich fahre viel Fahrrad oder nehme die U-Bahn.

|  | ja | nein |
|---|---|---|
| 1. Er kauft nur noch bei ALDI ein. | ☐ | ☐ |
| 2. Er vergleicht beim Einkaufen die Preise. | ☐ | ☐ |
| 3. Er hat nur noch Energiesparlampen. | ☐ | ☐ |
| 4. Er kocht mit viel Wasser. | ☐ | ☐ |
| 5. Er hat für jeden Topf einen Deckel. | ☐ | ☐ |
| 6. Er kauft kein Waschmittel mehr. | ☐ | ☐ |
| 7. Er fährt keine U-Bahn mehr. | ☐ | ☐ |

**Und zum Schluss: ein Witz.**

In der Bank
*Der Bankangestellte*: Sie müssen den Überweisungsschein unterschreiben.
*Der Kunde*: Wie soll ich unterschreiben?
*Der Bankangestellte*: Na so, wie Sie auch Ihre Briefe unterschreiben.
Der Kunde schreibt: „Liebe Grüße, Dein Hans."

# Kommunikation

**14** Schreiben Sie eine E-Mail an Ihre Bank. Benutzen Sie die vier Punkte.

– Sie ziehen bald um und müssen viel für den Umzug bezahlen.
– Sie brauchen einen Kredit in Höhe von 2000 Euro.
– Sie können den Kredit in drei Jahren zurückzahlen.
– Sie bitten um einen Termin für ein persönliches Gespräch.

**15** Herr Meinold ist 90 Jahre alt und hat noch nie Geld am Automaten abgehoben. Für die Feiertage braucht er aber dringend Geld. Was muss er wann tun? Schreiben Sie einen Zettel für ihn.

Zuerst müssen Sie ... Dann müssen Sie ... Danach ... Zum Schluss ...

einen Betrag wählen • die PIN/die Geheimzahl eingeben • die Karte einführen • das Geld nicht vergessen! • die Karte zurücknehmen

**16** Mutter und Tochter kochen zusammen und decken den Tisch. Schreiben Sie Dialoge wie im Beispiel.

*Beispiel:* eine große Packung – die kleine, die große Schublade/in:
Mutter: Warum nimmst du denn eine große Packung? Du kannst doch die kleine nehmen!
Tochter: Und wo ist die kleine?
Mutter: In der großen Schublade.

1. ein weißes Tischtuch – das rote, der neue Stuhl/auf
2. die gelben Servietten – die braunen, das rote Tischtuch/neben
3. die grünen Gläser – die normalen, die grünen Gläser/hinter
4. der rote Sekt – der weiße, der gelbe Karton/in
5. die tiefen Teller – die flachen, die tiefen Teller/neben

# Miteinander leben

## Wortschatz

**1** Unsere Gesellschaft. Verbinden Sie die Sätze und ordnen Sie das passende Foto zu.

 A
 B
 C
 D

1. ☐ Die Studenten protestieren
2. ☐ Ein Politiker sagt seine Meinung
3. ☐ Viele Rentner nutzen ihre freie Zeit
4. ☐ Die Arbeiter streiken

a) , weil sie für höhere Gehälter kämpfen.
b) und engagieren sich ehrenamtlich.
c) , weil sie unzufrieden sind.
d) und dann diskutieren alle.

**2** Emotionen. Welches Wort passt zu wem? Ordnen Sie zu.

1. Wir sind vor einem Monat nach Deutschland gekommen und das Land gefällt uns sehr. Wir möchten hier arbeiten, Geld verdienen und später vielleicht ein Haus bauen.

2. Wir sind vor einem Monat nach Deutschland gekommen. Wir fühlen uns hier sehr fremd und denken oft an Zuhause. Wir wollen gern wieder zurück, aber wir müssen zwei Jahre hier bleiben, weil wir einen Arbeitsvertrag unterschrieben haben.

3. Wir sind vor einem Monat nach Deutschland gekommen und können noch kein Deutsch. Alles ist so schwierig und wir fragen uns: Was bringt uns die Zukunft? Finden wir hier Arbeit und Freunde?

a) ☐ Hoffnung    b) ☐ Angst    c) ☐ Heimweh

**3** Studieren im Ausland – warum? Ergänzen Sie den Text.

Angst • Ausland • Erfahrungen • entscheiden • gründen • Heimweh • persönliche •
sich lohnen • Weiterbildung • zurück

Viele Schüler und Studenten gehen für ein Jahr ins _____[1]. Oft _____[2] sie

sich für eine Stadt in den USA oder in England, weil Englisch für viele Berufe sehr wichtig ist.

Sie berichten dann über ihre _____[3] und sagen, dass der _____[4] Kontakt zu

einer anderen Sprache und Kultur sehr interessant ist. Zuerst hat man auch ein wenig

_____[5] vor dem fremden Land oder man hat _____[6]. Das ist ganz normal,

aber dann lernt man die Menschen besser kennen und manche Studenten wollen gar nicht

mehr _____[7]. Manchmal _____[8] sie später sogar eine eigene Firma oder

sie finden einen guten Job. Eine Studienreise ins Ausland _____ _____[9]

immer, denn man lernt oft mehr als bei einer _____[10] im eigenen Land.

**4** Ergänzungen und Ihre Fragen. Schreiben Sie zehn Sätze.

1. Die junge Studentin fühlt sich in ... *Wo? (Dativ)* fremd.
2. Ich denke, dass ... *Wer? (Nominativ)* Recht hat.
3. Wir sollen ... *Wen? (Akkusativ)* in Ruhe lassen.
4. Hast du Angst vor ... *Vor wem oder was? (Dativ)*?
5. Möchtest du bei ... *Bei wem oder was?(Dativ)* mitmachen?

der Hund • die Stadt • das Kind • der Großvater • die Zukunft • das Land • die Veranstaltung • die Gruppe • die Demon- stration • die Politikerin

*Die junge Studentin fühlt sich in der Stadt fremd.*

# Grammatik

**5** War früher alles besser? Opa und Enkel diskutieren.
Ergänzen Sie den Komparativ.

*Opa:* Ich glaube, die Menschen haben früher (viel) _____ [1] Zeit miteinander

verbracht und sie haben (wenig) _____ [2] ferngesehen als heute.

*Enkel:* Sie haben aber auch (oft) _____ [3] gestritten. Heute sind die Wohnungen

(groß) _____ [4] und man kann sich auch mal in Ruhe lassen.

*Opa:* Die Wohnungen waren vielleicht (klein) _____ [5], aber wir sind oft aus-

gegangen. Wir waren (aktiv) _____ [6]. Ich bin jede Woche tanzen gegangen.

Die Menschen haben früher viel (gern) _____ [7] getanzt als die Jugend von

heute.

*Enkel:* Aber Opa, auch heute geht man tanzen, nur anders. Außerdem ist das Freizeitangebot

heute _____ [8] (interessant) als früher.

*Opa:* Wir hatten gar nicht so viel Zeit. Wir sind (früh) _____ [9] aufgestanden

und mussten (lang) _____ [10] arbeiten als ihr heute. Aber heute sind alle

(gestresst) _____ [11].

*Enkel:* Die Arbeit ist auch (kompliziert) _____ [12] und alles muss immer (schnell)

_____ [13] gehen.

*Opa:* Ja, das stimmt. Ich glaube, wir haben körperlich (schwer) _____ [14] gearbeitet

als die Jugend von heute, aber ihr müsst (viel) _____ [15] lernen. Aber in

vielen Dingen lebt ihr heute auch (frei) _____ [16] als wir.

*Enkel:* Meinst du? Erzähl doch mal, wie war es, als du Oma ...

**Wie geht der Dialog weiter? Schreiben Sie.**

# Miteinander leben

**6** „Du kannst das besser!" Was sagt Gregor?
Ergänzen Sie wie im Beispiel.

*Ich kann doch nicht so gut Fußball spielen. **Du spielst bestimmt besser!***

Gregor möchte, dass seine Familie ihn in Ruhe lässt.
Er sagt Sabine, dass sie doch alles besser kann und
deshalb lieber selbst mit den Kindern spielen soll.

1. Ich kann nicht so schnell laufen. _____

2. Ich kann nicht so hoch springen. _____

3. Ich kann nicht so schön malen. _____

4. Ich kann nicht so laut pfeifen. _____

5. Ich kann nicht so lustig erzählen. _____

**7** Unsere neue Wohnung. Was ist anders? Schreiben Sie Sätze wie im Beispiel.

*Beispiel:* die Nachbarn, nett ➤ Die Nachbarn sind netter.

die Zimmer, groß und hell • die Küche, modern • die Straße, ruhig • der Flur, lang •
der Supermarkt, nah • der Balkon, sonnig • die Fenster, hoch • die Wände, dick

**8** Vergleichen Sie Peter und Petra. Wählen Sie das richtige
Adjektiv aus und ergänzen Sie die Texte.

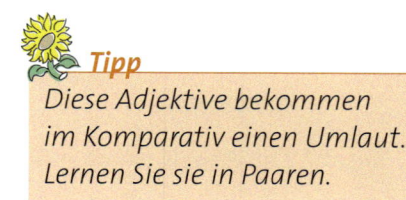

1. Peter ist _____ (alt/jung) als Petra, aber sie ist

   _____ (groß/klein) als Peter.

2. Die Haare von Peter sind viel _____ (lang/kurz)

   als die Haare von Petra.

3. Die Kleidung von Peter ist _____ (warm/kalt)

   als die Kleidung von Petra.

4. Denn Petra ist _____ (krank/gesund) als Peter.

   Er hat eine Erkältung.

**Tipp**
*Diese Adjektive bekommen
im Komparativ einen Umlaut.
Lernen Sie sie in Paaren.*

5. Deshalb ist Petra heute auch _____ (stark/

   schwach) als Peter und sie kann _____ (hart/

   weich) arbeiten als er.

**9** *Genauso ..., oder nicht?* Schreiben Sie wie im Beispiel.

Frau Menzel kauft 500 g Tomaten, ihre Nachbarin kauft ein Pfund Tomaten. Was heißt das?
➤ Das heißt, dass Frau Menzel genauso viele Tomaten kauft wie ihre Nachbarin.

1. Michael hat drei Stunden geschlafen und sein Cousin hat 180 Minuten geschlafen.

_____

2. Heute habe ich 2 l Wasser getrunken, gestern habe ich 1,5 l Wasser und 250 ml Saft getrunken.

_____

3. Wir haben heute 1 kg Kartoffeln gekocht, gestern waren es 1000 g.

_____

4. Für dieses Rezept nehme ich 0,3 kg Butter und meine Schwester nimmt 300 g.

_____

5. 100 g Schokolade mit 50 % Kakao hat 537 Kalorien, 100 g Schokolade mit 80 % Kakao hat 592 Kalorien.

_____

6. Die Wohnung in der Berliner Straße hat 80 m² ohne Balkon, der Balkon ist 5 m² groß. Die Wohnung in der Brandenburgischen Straße hat 85 m² und keinen Balkon.

_____

**10** Eine nette Nachbarin. Ergänzen Sie die Personalpronomen im Dativ.

0. Max muss heute lange arbeiten und Frau Stroh kocht _____*ihm*_____ ein gutes Essen.

1. Rita ist krank und Frau Stroh bringt _____ Medikamente.

2. Der Hund von Rita muss Gassi gehen. Frau Stroh geht mit _____ raus.

3. Die Töchter von Katja haben Probleme in der Schule, Frau Stroh hilft _____ .

4. Ich war drei Wochen weg und Frau Stroh gibt _____ meine Briefe.

5. Sie hilft auch _____ gern. Du musst sie nur fragen.

6. Hallo, Max und Rita, habe ich _____ schon erzählt, dass wir Frau Stroh zum Tee eingeladen haben? Wir möchten _____ etwas schenken. Habt ihr eine Idee?

**11** Post zu Weihnachten. Wer hat wem was geschickt? Schreiben Sie Sätze.

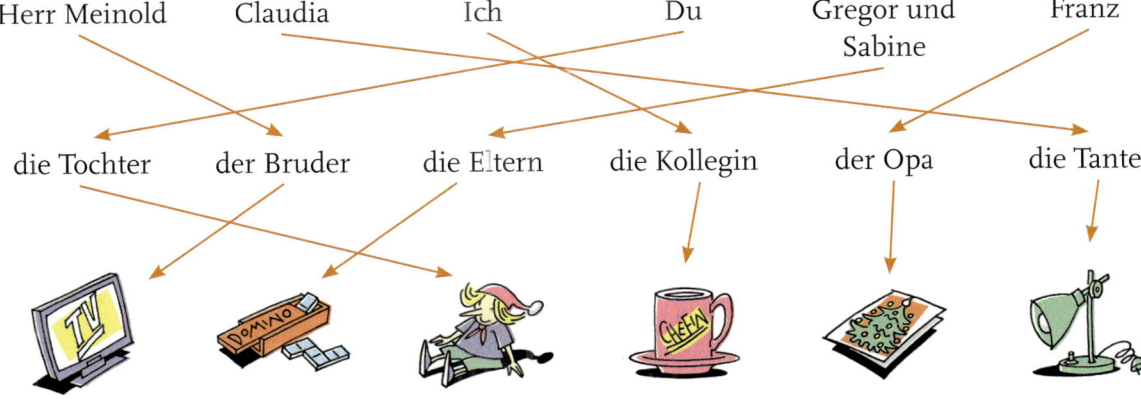

*Claudia hat ihrer Tante eine Lampe geschickt.*

## Lesen

**12** Funkhaus Europa – das Radioprogramm für und von Menschen aus vielen Ländern.

**Jessica Balogun: Zuerst wollte ich gar nicht boxen!**
Funkhaus Europa ist ein Radioprogramm vom WDR und Radio Bremen. Es sendet in Deutsch und 14 weiteren Sprachen und richtet sich mit seinem multikulturellen Programm an Menschen aus über 180 Nationen. Der Sender informiert über Politik, Interessantes aus Kultur und Wissenschaft, Kochen, Kunst und Kultur und natürlich gibt es Musik aus aller Welt. Auch die Frage *Was ist Integration und wie funktioniert sie?* ist immer wieder Thema. Besonders interessant ist hier die Rubrik „Porträt". Sie stellt Menschen aus anderen Ländern vor. Alle sind als Kinder oder auch als Erwachsene nach Deutschland gekommen, einige waren Jahre auf der Flucht. Und sie haben Kraft und Mut gezeigt. Sie haben eine neue Sprache, eine neue Kultur gelernt. Sie alle sind heute in der deutschen Gesellschaft angekommen und machen sie ein kleines Stück reicher: Mit ihrer Arbeit, ihren Ideen, mit ihrem Leben. Zum Beispiel die Profiboxerin Jessica Balogun. Sie ist als Baby mit ihrer Mutter aus Nigeria nach Deutschland gekommen. Als sie 15 war, hat sie mit dem Boxtraining begonnen und ist heute, mit 22, Weltmeisterin in ihrer Gewichtsklasse. Die nur 1,60 m kleine Frau findet es lustig, wie die Menschen auf ihren Beruf reagieren. Boxen und Frauen – das passt für viele noch immer nicht zusammen. Jessica trainiert zweimal am Tag, aber in ihrer Freizeit geht sie wie viele junge Frauen am liebsten mit ihren Freundinnen aus. Die gelernte Kauffrau lebt seit 2003 in Aachen und ist mit ihrem Leben sehr zufrieden, aber sie hat einen großen Wunsch: Sie hofft, dass man auch ihre Kämpfe bald im Fernsehen sehen kann!

**Was sagt der Text? Kreuzen Sie die richtige Aussage an.**

1.  a) ☐ Funkhaus Europa ist ein deutscher Sender. Aber es gibt Programme in Deutsch und Englisch.
    b) ☐ Funkhaus Europa informiert seine Hörer und Hörerinnen auf Deutsch und in anderen Sprachen.

2.  a) ☐ In allen Sendungen spricht man über das Thema „Integration".
    b) ☐ Das Thema „Integration" ist eines von vielen Themen.

3.  a) ☐ Die Rubrik „Porträt" erzählt von Menschen in Deutschland.
    b) ☐ Die Rubrik „Porträt" erzählt von erfolgreichen Firmen und Geschäften.

4.  a) ☐ Jessica ist in Nigeria geboren und lebt in Aachen.
    b) ☐ Jessica ist in Aachen geboren und lebt in Nigeria.

5.  a) ☐ Sie verdient ihr Geld als Boxerin.
    b) ☐ Sie verdient ihr Geld als Kauffrau.

6.  a) ☐ Viele Menschen finden es komisch, dass eine Frau boxt.
    b) ☐ Alle finden es toll, dass eine Frau boxt.

7.  a) ☐ Alle Weltmeister-Kämpfe von Jessica kann man im Fernsehen sehen.
    b) ☐ Man kann die Kämpfe von Jessica noch nicht im Fernsehen sehen.

# Kommunikation

**13** Jessica Balogun. Erzählen Sie einem Freund / einer Freundin von der Boxerin.
a) Lesen Sie die Stichpunkte und machen Sie sich Notizen.

- Name / Alter / Größe?
- Nationalität? / Wo lebt sie?
- Ausbildung?
- Seit wann trainiert sie? / Erfolg?
- Freizeit?
- Wunsch?

b) Lesen Sie Ihre Notizen und dann erzählen Sie.
Üben Sie vor dem Spiegel.

*Jessica Balogun ist 22 Jahre alt und ... Sie kommt aus Nigeria. Sie ist als Baby mit ...*

**14** Besser oder schlechter? Wählen Sie eine Person aus ihrem Leben (Großeltern; Vater/Mutter; Freund/in aus Ihrem Heimatland / ...) und vergleichen Sie. Schreiben Sie einen Text.

| | |
|---|---|
| Land / Stadt | groß / klein, schön, heiß / kalt |
| Schlaf | lang, viel, |
| Arbeit | interessant / langweilig, leicht / schwer |
| Freizeit / Sport | lustig |
| Freunde | |

*Meine ... lebt in ... Das Land ist viel größer als ... Sie schläft weniger / mehr als ich, denn sie ist ...*

**15** Bieten und suchen. Sie ziehen um. Sie haben ein neues, großes Bett gekauft. Jetzt möchten Sie Ihr altes, kleines Bett für 200 Euro verkaufen. Für das Geld suchen Sie einen Tisch für die Küche. Füllen Sie die Zettel aus.

Kunden-Service **BIETE AN**

_____
_____
_____
_____

Straße: _____ Ort: _____
Name: _____ Telefon: _____
Datum: (Bitte schreiben Sie das Ausstellungsdatum auf die Karte. Karten ohne Datum werden aussortiert – Aushangzeit 14 Tage –)

Kunden-Service **SUCHE**

_____
_____
_____
_____

Straße: _____ Ort: _____
Name: _____ Telefon: _____
Datum: (Bitte schreiben Sie das Ausstellungsdatum auf die Karte. Karten ohne Datum werden aussortiert – Aushangzeit 14 Tage –)

# Sport

## Wortschatz

**1** Mein Neffe ist Fußballfan.
a) Ergänzen Sie den Text mit den passenden Wörtern.

alt · begeistert · fleißig · gespannt · großer · oft · regelmäßig · stolz · traurig · unbedingt

Mein Neffe Jonathan ist 12 Jahre _____¹ und er liebt Fuß-

ball. Er lebt in München, aber er ist ein _____² Fan von

Werder Bremen. Er sieht sich fast alle Spiele im Fernsehen an und

ist _____³, wenn seine Mannschaft gewinnt und

_____⁴, wenn sie verliert. Aber er spielt auch selbst Fuß-

ball: Er ist Stürmer in der D-Jugend-Mannschaft vom FC Schwabing

56 e.V. Er geht _____⁵ zum Training und übt _____⁶. Auch seine Eltern

verbringen fast jedes Wochenende auf dem Sportplatz. Denn sie sehen bei allen Spielen

_____⁷ zu und freuen sich, wenn Jonathan ein Tor schießt. Das passiert

_____⁸, denn Jonathan will _____⁹ gewinnen und kämpft auf dem Platz um

jeden Ball. Sein Trainer ist sehr _____¹⁰ auf ihn!

b) Legen Sie einen Zettel auf Aufgabe a). Schreiben Sie den Text in Ihr H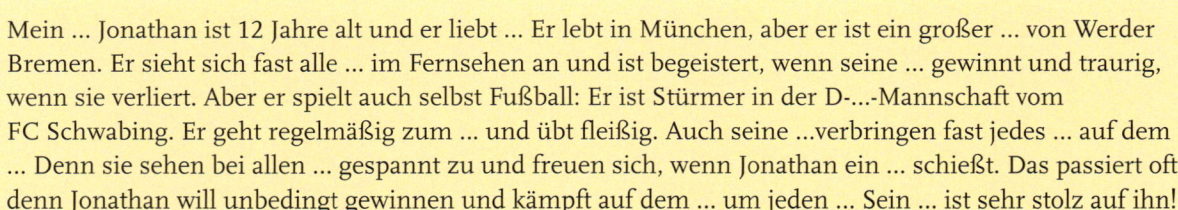
die fehlenden Nomen.

> Mein ... Jonathan ist 12 Jahre alt und er liebt ... Er lebt in München, aber er ist ein großer ... von Werder
> Bremen. Er sieht sich fast alle ... im Fernsehen an und ist begeistert, wenn seine ... gewinnt und traurig,
> wenn sie verliert. Aber er spielt auch selbst Fußball: Er ist Stürmer in der D-...-Mannschaft vom
> FC Schwabing. Er geht regelmäßig zum ... und übt fleißig. Auch seine ...verbringen fast jedes ... auf dem
> ... Denn sie sehen bei allen ... gespannt zu und freuen sich, wenn Jonathan ein ... schießt. Das passiert oft,
> denn Jonathan will unbedingt gewinnen und kämpft auf dem ... um jeden ... Sein ... ist sehr stolz auf ihn!

c) Legen Sie einen Zettel auf Aufgabe a) und b). Schreiben Sie den Text in Ihr Heft und ergänzen
Sie die fehlenden Verben.

> Mein Neffe Jonathan ... 12 Jahre alt und er ... Fußball. Er ... in München, aber er ist ein großer Fan von
> Werder Bremen. Er ... sich fast alle Spiele im Fernsehen ... und ist begeistert, wenn seine Mannschaft ...
> und traurig, wenn sie ... Aber er ... auch selbst Fußball: Er ist Stürmer in der D-Jugend-Mannschaft vom
> FC Schwabing. Er ... regelmäßig zum Training und ... fleißig. Auch seine Eltern ... fast jedes Wochenende
> auf dem Sportplatz. Denn sie ... bei allen Spielen gespannt ... und ... sich, wenn Jonathan ein Tor ... Das ...
> oft, denn Jonathan ... unbedingt gewinnen und ... auf dem Platz um jeden Ball. Sein Trainer ... sehr stolz
> auf ihn!

**2** Ein Unfall. Ordnen Sie die Sätze und schreiben Sie die Geschichte.

1. hoch springen – umknicken – nicht mehr laufen können
2. gestern – Tochter – Unfall haben
3. ins Krankenhaus fahren – mit meiner Tochter
4. Aber Glück haben – Fuß nicht gebrochen
5. vor dem Haus – mit einem Freund – Basketball spielen

☐
☐
☐
☐
☐

*Gestern hatte meine Tochter einen ...*

**3** Was kann man mit einem Rekord machen? Schreiben Sie Sätze aus den Verbindungen.

einen
den  neuen Rekord
- aufstellen
- laufen
- schaffen
- melden
- stolz sein auf + Akk
- sich erinnern an + Akk.
- hoffen auf + Akk.
- kämpfen für + Akk.

*Usain Boilt hat einen neuen Rekord im 100 Meter-Lauf aufgestellt.*

**4** Gesund leben: *regelmäßig/immer – oft/täglich – selten – nie*. Schreiben Sie den Text weiter, benutzen Sie die Ergänzungen.

Sport machen • spazieren gehen • gesund essen • rauchen • früh schlafen gehen • Alkohol trinken

*Ich lebe (nicht) gesund, denn ich mache regelmäßig Sport und gehe oft ...*

# Grammatik

**5** Zusammen lernen: *schnell – schneller – am schnellsten*. Schreiben Sie wie im Beispiel.

*Beispiel:* schreiben – schnell ➤ Hanna schreibt schnell, Maria schreibt schneller, Lisa schreibt am schnellsten.

sprechen – gut        1. Platz: Hanna, 2. Platz: Lisa, 3. Platz: Maria
lesen – laut          1. Platz: Lisa, 2. Platz: Hanna, 3. Platz: Maria
erzählen – interessant 1. Platz: Maria, 2. Platz: Hanna, 3. Platz: Lisa
verstehen – viel      1. Platz: Hanna, 2. Platz: Maria, 3. Platz: Lisa
lernen – gern         1. Platz: Hanna, 2. Platz: Lisa, 3. Platz: Maria

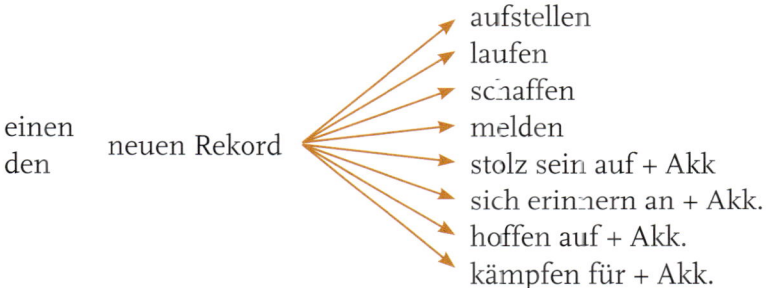

# Sport

**6** Rekorde. Ergänzen Sie zuerst die Frage mit dem Superlativ. Lesen Sie dann die Texte und schreiben Sie Antworten.

0. Welcher Skilift ist _am längsten_ (lang)?

   _Die Gondelbahn in Grindelwald ist am längsten._

1. Welches Restaurant ist _____ (groß)?

   _____

   _____

2. Welche Wintersportlerin hat _____ (viel) WM-Titel?

   _____

   _____

3. Welcher Vogel ist _____ (schnell)?

   _____

4. Wer ist _____ (weit) geflogen?

   _____

Das Restaurant Bawabet Dimashq in Damaskus (SYR) hat 6.014 Sitze und beschäftigt in der Hauptsaison bis zu 1.800 Mitarbeiter.

In Grindelwald in der Schweiz gibt es eine 6.239 m lange Gondelbahn. Die Bergstation liegt in 2.219 m Höhe.

Man hat mit einem Peilsender gemessen, dass ein Graukopf-Albatros über acht Stunden lang in einer Geschwindigkeit von 127 km/h zurück zu seinem Nest geflogen ist.

Christl Cranz (D) hat von 1935 bis 1939 im alpinen Skilauf insgesamt zwölf WM-Titel erkämpft. Cranz gewann auch bei den Olympischen Winterspielen 1936 in Garmisch-Partenkirchen.

Der Skispringer Andreas Goldberger (A) ist am 18. März 2000 auf der Skiflugschanze von Planica (SLO) 225 m weit geflogen.

aus: /www.guinnessworldrecords.de

**7** Ein Tanzwettbewerb. Wer sind die Besten? Ergänzen Sie den Dialog.

◄ Tina ist die _eleganteste_ (elegant) Tänzerin, weil sie das

   _____[1] (schön) Kleid hat.

▮ Findest du? Ich glaube, Tom hat die _____[2] (perfekt)

   Technik. Er ist der _____[3] (schnell) Tänzer.

◄ Aber Klaus und Rosa haben die _____[4] (gut) Haltung.

   Ich gebe ihnen die _____[5] (hoch) Punktzahl.

**8** Fußballquiz. Was passt zusammen?
Verbinden sie und schreiben Sie Sätze mit *wenn*.

1. In einem Endspiel steht es nach 90 Minuten 0:0.
2. Ein Spieler spielt sehr aggressiv.
3. Auf dem Platz liegt Schnee.
4. Der Schiedrichter pfeift.
5. Ein Spieler ist verletzt.

a) Der Ball ist rot.
b) Das Spiel beginnt.
c) Der Schiedsrichter unterbricht das Spiel.
d) Es gibt eine Verlängerung.
e) Der Schiedsrichter zeigt ihm die rote Karte.

*Wenn es in einem Endspiel nach 90 Minuten 0:0 steht, (dann) ...*

**9** Eine Diskussion: Wann spricht man gut Deutsch? Schreiben Sie Sätze mit *wenn*.

*Du kannst alles sagen*

*Wenn du alles sagen kannst, (dann) kannst du gut Deutsch.*

1. Alle verstehen dich.
2. Du hast alle Prüfungen geschafft.
3. Du machst fast keine Fehler mehr.
4. Du verstehst die Nachrichten im Fernsehen.
5. Du kannst Romane lesen.

**Und was denken Sie?**

**10** Wiederholung: Pronomen. Ergänzen Sie die Dialoge.

1.
‹ Ich habe hier ein ganz tolles Buch, willst du _es_ auch mal lesen?
▮ Ja gern. Und wir haben letzte Woche im Kurs einen interessanten Film gesehen, ich kann _____ dir zeigen.

2.
‹ Mein Name ist Schmidt, erinnern Sie sich an _____?
▮ Kannst du bitte lauter sprechen? Ich höre _____ sehr schlecht!

3.
‹ Suchst du das Tischtuch? Hier liegt _____; und die Gläser stehen im Schrank. Du sieht _____, wenn du _____ aufmachst.

4.
‹ Die Kleinen sind so süß! Alle mögen _____ sehr.

# Lesen

**11** Herzkrank und sportlich? Lesen Sie den Text. Wo finden Sie die Aussagen 1–6?

Zeilen

1. Früher mussten die Menschen nach einem Infarkt lange im Bett bleiben. _____

2. Die meisten Patienten sind nach einem Infarkt ängstlich und schwach. _____

3. Mit Bewegung kann man ihre Gesundheit fördern. _____

4. Ein Arzt/eine Ärztin muss das Training begleiten. _____

5. Das Training darf nicht zu anstrengend sein und es muss regelmäßig stattfinden. _____

6. Diese Therapie hat schon vielen Menschen mit Herzproblemen geholfen. _____

## Herzpatienten brauchen Bewegung

Noch vor wenigen Jahren hat man Herzinfarktpatienen absolute Ruhe verordnet. Heute weiß man, dass körperliche Aktivität ein wichtiger
5 Teil bei der Therapie von Herz-Kreislauf-Erkrankungen ist.
Denn wenn der Mensch nach seinem Infarkt lange im Bett bleibt, schadet dies den Muskeln. Typisch nach
10 einer Herzattacke sind auch Unsicherheit, Angst, Depressionen und eine allgemeine körperliche Schwäche. Regelmäßige Bewegung hilft bei der Stabilisierung der Herz-Kreislauf-Funktionen und wirkt auch
15 positiv auf die Psyche. Das Training gibt den Patienten Kraft, Ausdauer und Lebensmut zurück.

Der Diplom Sportlehrer und Kardiologe Dr. Hansi Müllerfeld zeigt in einer Studie, dass auch bei Patienten mit dauerhafter Herzschwäche 20 körperliches Training möglich und sinnvoll ist. Aber es muss regelmäßig stattfinden und man muss die Herzfrequenz überwachen. Sie darf auf keinen Fall zu hoch sein, aber 25 wenn sie zu niedrig ist, hat das Training keine Wirkung. „Am besten sind alltägliche Bewegungseinheiten – Treppensteigen, Fahrradfahren, Wandern oder einfach Spazierengehen. Das aber mindestens für eine 30 halbe Stunde jeden Tag. Der Erfolg ist deutlich."

**12** Ein Sport-Gedicht. Was passt? Kreuzen Sie an.

Gewinne ich den ersten Preis?
Ich habe hart trainiert!
Hat sich gelohnt mein ganzer Fleiß?
Bin ich die Beste im Turnier?

Natürlich hoff' ich auf den Sieg!
Das muss man unbedingt!
Wer besser tanzt, wer höher springt –
Für sie der Preis dort liegt!

1. Wer spricht?
a) ☐ ein Sportler
b) ☐ eine Sportlerin

2. Welche Sportart?
a) ☐ Volleyball
b) ☐ Fußball
c) ☐ Gymnastik

3. Die Person
a) ☐ glaubt, dass sie keine Chance hat.
b) ☐ hofft auf den Sieg.

Schreiben Sie ein eigenes Sport-Gedicht.

# Kommunikation

**13** Sie sind Fußballfan und sehen sich mit Freunden ein wichtiges Spiel im Fernsehen an. Was sagen Sie, wenn es gut (A) oder wenn es schlecht (B) für ihre Mannschaft läuft? Ordnen Sie zu.

1. ☐ Tor! Tor!
2. ☐ Ich glaube nicht, dass sie das noch schaffen.
3. ☐ Sie spielen super, einfach besser als die anderen!
4. ☐ Oh nein, was machen die denn da?!
5. ☐ Ach, eigentlich interessiert mich das Spiel nicht besonders.
6. ☐ Oh – das ist ja schrecklich!
7. ☐ Jaaa! Weiter so!
8. ☐ Ich kann nicht länger zusehen, sie haben keine Chance mehr.

**14** Was sagt ...? Wählen Sie zwei Personen aus und schreiben Sie, was er/sie sagt. Üben Sie die Rolle vor dem Spiegel.

**Ivo:**
– trainiert täglich
– Gymnastik machen, joggen, im Sommer schwimmen

**Pavel:**
– 2x pro Woche Fitnessstudio
– viel Radfahren

**Maria:**
– geht manchmal tanzen /Spaß
– keine Lust auf Sportkurse
– geht lieber lange spazieren

**Dimitri:**
– hasst Sport
– schon in der Schule schlecht
– Fußball lieber im Fernsehen
– Sport ist Mord.

*Mir ist Sport wichtig. Ich ...*

**15** Was ist Sport für Sie persönlich? Lesen Sie und unterstreichen Sie für Sie wichtige Begriffe. Ergänzen Sie weitere Stichwörter.

eine gute Figur, Spannung, Geld, Freizeit, internationale Treffen, Olympische Spiele,

langes Leben, Begeisterung, neue Perspektiven für die Jugend, Fitnessstudio,

aggressive Fußballfans, ...

**16** Wer – was – wann – wo – wie? Schreiben Sie einen Bericht.

Erich Stroh, 73 – am 08.09. – vom Apfelbaum gefallen – Bein gebrochen und am Kopf verletzt – ins Krankenhaus gebracht – 3 Wochen im Krankenhaus – jetzt noch 2 Monate zu Hause bleiben – langsam besser gehen

# Leben in D A CH 2

## Miteinander

**1** Was machen die Menschen? Sehen Sie die Fotos an und sprechen Sie im Kurs.

**2** Lesen Sie den Text und ordnen Sie die Fragen den einzelnen Abschnitten zu.

Zeilen

1. Ist der Verein typisch deutsch?  _____

2. Und wer ist der Größte?  _____

3. Bist du in einem Verein?  _____

### Deutschland und seine Vereine

Trifft der Deutsche einen Deutschen, ist fast mit Sicherheit ein Verein dabei. Schon wenn die Deutschen in den Spiegel gucken, sehen 60 Prozent ein Gegenüber, das Mitglied in einem Verein ist.
5 574359 eingetragene Vereine (e. V.) hat man 2003 gezählt, 29658 mehr als 2001 – ein jährliches Wachstum von 2,8 Prozent. Es gibt für alles Vereine und Vereine für alles, den Kaninchenzüchter-Verein genauso wie den Verein für Alleinerziehende, den Kegel-Verein,
10 ein, die Briefmarkensammler und natürliche Vereine für jeden, aber auch jeden Sport.
Zum Gründen reichen drei Personen. Auf über 14 Millionen Autofahrer hat es seit 1903 der ADAC gebracht. Der Allgemeine Deutsche Automobilclub e. V. ist der
15 größte Verein im Land. Das scheint logisch, denn man sagt, das Auto ist dem Deutschen das Wichtigste.

Doch die Vereinsmeierei ist nicht so typisch deutsch, wie Deutsche gern behaupten", sagt Hermann Bausinger, Autor des Buchs *Typisch deutsch*. Der ehe-
20 malige Tübinger Professor nennt Wales. Dort heißt es: Wo drei Waliser zusammenkommen, gründen sie ein Komitee. Auch der Durchschnittsamerikaner organisiert sich oft in mehreren vereinsähnlichen Gesellschaften. Eine globale Erscheinung sind Vereine
25 aber nicht. „In Indien und Afghanistan gibt es diese Möglichkeit meistens nicht", sagt der Soziologe Dieter H. Jütting, Direktor des Instituts für Sportkultur und Weiterbildung der Universität Münster. „Der Verein ist ein Phänomen in der westlichen Welt",
30 sagt er.

**3** Lesen Sie den Text und die Aussagen. Kreuzen Sie an.

|  | ja | nein | steht nicht im Text |
|---|---|---|---|
| 1. Von den Deutschen ist mehr als die Hälfte in einem Verein. | ☐ | ☐ | ☐ |
| 2. Aber es gibt jedes Jahr weniger Vereine. | ☐ | ☐ | ☐ |
| 3. Es sind mehr Männer als Frauen in einem Verein. | ☐ | ☐ | ☐ |
| 4. Schon zwei Personen können einen Verein gründen. | ☐ | ☐ | ☐ |
| 5. In Deutschlands größtem Verein sind vor allem Autofahrer/innen Mitglieder. | ☐ | ☐ | ☐ |
| 6. Auch die Menschen in Großbritannien und den USA mögen Vereine. | ☐ | ☐ | ☐ |
| 7. In China gibt es keine Vereine. | ☐ | ☐ | ☐ |
| 8. Ein Professor aus Münster sagt, dass es auf der ganzen Welt Vereine gibt. | ☐ | ☐ | ☐ |

**4** Welche Vereine oder Gruppen gibt es in Ihrem Land? Sind oder waren Sie selbst Mitglied? Arbeiten Sie zu zweit.
a) Sammeln Sie Tätigkeiten.

Tiere schützen
... helfen
Tennis spielen
Geld sammeln für ...
... organisieren
für ... kämpfen

b) Wählen Sie einen Favoriten. Machen Sie einen Steckbrief von „Ihrem" Verein.

Name: _____
Mitglieder/innen: _____
Ort: _____
Ziel: _____
Treffen immer am: _____

c) Präsentieren Sie „Ihren" Verein im Kurs. Sprechen Sie im Wechsel.

Unser Verein heißt ...

Er hat ... Mitglieder.

Er ist in ...

Wir wollen ...

# Medien im Alltag

## Wortschatz

**1** Vater und Sohn – wie beginnt ihr Tag? Vergleichen Sie die Bilder und die Texte. In jedem Text sind drei Fehler versteckt. Finden Sie sie und korrigieren Sie die Texte.

**Willy** hat feste Gewohnheiten. Er steht spät auf und macht etwas Sport. Danach frühstückt er ganz gemütlich, trinkt eine Tasse Kaffee und liest ein Buch. Er hat einen Fernseher, aber keinen Computer, denn er findet das Leben ohne Internet angenehmer. Er sagt: „Immer alle Informationen auf einen Klick – das ist mir zu viel."

**Michael** steht auf, isst schnell einen Toast und kocht Kaffee. Wenn der Kaffee fertig ist, schaltet er seine Kamera ein. Er checkt seine E-Mails, surft ein wenig im Fernseher und chattet kurz auf Facebook. Dann geht er aus dem Haus, natürlich mit seinem Handy. Er ist Journalist und auch unterwegs ist er immer online.

**2** **1)** **Welches Wort passt? Ergänzen Sie die Texte. Die Wörter unten helfen.**

Ich suche eine DVD und möchte sie im Internet _____¹. Dort ist das Angebot

riesig und ich _____² die Preise auf verschiedenen _____³. Dann

gehe ich wieder auf meine Lieblingsseite, gebe meine _____⁴ und mein

_____⁵ ein und suche die DVD. Ich bezahle auch gleich online und in etwa drei

Tagen bringt uns der _____⁶ das Päckchen mit der DVD.

**2)** **PC-Nothilfe**

„Computer _____⁷? Kaffee auf die _____⁸ gegossen? Der Computer

ist an, aber der _____⁹ bleibt dunkel? Dann rufen Sie uns an! Unsere Computer-

Soforthilfe ist Tag und Nacht für Sie da!"

**3)** **Unser Programm heute Abend**

Gleich nach den _____¹⁰ sehen Sie bei uns einen spannenden _____¹¹

mit den beliebten _____¹² Jan Josef Liefers und Axel Prahl. Danach bringen

wir eine _____¹³ über die Tierwelt in Nordamerika.

abgestürzt • bestellen • Bildschirm • Bote • Dokumentation • E-Mail-Adresse • Krimi • Nachrichten • Passwort • Schauspielern • Seiten • Tastatur • vergleiche

**3** Was passt nicht in die Reihe? Markieren Sie.

1. den Alltag                   vergessen – löschen – erobern – leben
2. einen Film                empfehlen – runterladen – ansehen – blättern
3. das Passwort             surfen – eingeben – vergessen – speichern
4. die E-Mail                 lesen – klicken – löschen – senden
5. im Internet                surfen – suchen – fahren – bestellen
6. den Text                  speichern – nutzen – mitnehmen – essen
7. die Gebrauchsanweisung   tauschen – verlieren – verstehen – mitnehmen
8. das Postfach             bestellen – öffnen – chatten – checken

**4** Notieren Sie so viele Kombinationen wie möglich aus den Adjektiven und Nomen.

*Beispiel:* ein Gerät, modern ➤ ein modernes Gerät

| | |
|---|---|
| eine Dokumentation | angenehm |
| ein Gespräch | spannend |
| ein Computer | neu |
| die Gewohnheit | alt |
| | privat |

**5** Im Internetcafe. Schreiben Sie eine kurze Geschichte über Karin.

jeden Morgen – ins Internetcafe – gehen
ihr Postfach – öffnen, E-Mails checken, Werbenachrichten löschen
ihr Freund – Nachrichten von ihr – warten auf
mit der Maus klicken – auf „Skype"
das Gespräch – mit ihm – lange dauern
deshalb – oft – zu spät – zur Arbeit kommen

# Grammatik

**6** Lina hat einen neuen Freund. Er ist ein Technik-Fan. Sie sieht sein Arbeitszimmer und fragt ihn, wofür er so viele verschiedene Geräte braucht. Antworten Sie mit *damit*.

*Beispiel:* Warum brauchst du einen so großen Bildschirm?
         (die Schauspieler, genau sehen, können)
         ➤ Damit ich die Schauspieler genau sehen kann.

1. Warum hast du drei Computer? (gleichzeitig spielen, arbeiten und Musik hören, können)
2. Warum hast du die Computer mit einem Kabel verbunden? (mit meinen Freunden, spielen, zusammen, können).
3. Warum stehen so viele DVDs in deinem Wohnzimmer? (das langweilige Fernsehprogramm, nicht sehen, müssen)
4. Warum gibt es einen Zug in deiner Wohnung? (der Kaffee aus der Küche, kommen können)
5. Warum liegt auf deinem Tisch ein Mikrofon? (wir, zusammen singen, können)

# Medien im Alltag

**7** Ines Eltern sind nach Berlin gezogen. Ines hat für sie eine Wohnung gemietet und eingerichtet. Ordnen Sie zu und schreiben Sie Antworten wie im Beispiel.

a) zu Hause großes Kino haben
b) dort die Wäsche gleich aufhängen können
c) zum Telefonieren nicht aufstehen müssen
d) nicht so viele Treppen steigen müssen
e) Wasser sparen
f) Im Sommer grillen können

1. Warum hast du eine Wohnung in einem Haus mit Fahrstuhl gemietet? ☐
2. Warum hast du die Waschmaschine ins Bad gestellt? ☐
3. Warum hast du eine Wohnung mit Balkon genommen? ☐
4. Warum haben wir ein Telefon im Schlafzimmer? ☐
5. Warum hast du für uns einen Geschirrspüler gekauft? ☐
6. Warum hast du für uns einen so großen Fernseher bestellt? ☐

*1d: Damit ihr nicht so viele Treppen steigen müsst.*

**8** Multitasking. Was geht gleichzeitig? Schreiben Sie Sätze mit *man*.

*Beispiel:* Einkaufen telefonieren. ➤ Man kann beim Einkaufen telefonieren.

| | |
|---|---|
| Bügeln | fernsehen |
| Telefonieren | E-Mails checken |
| Internetsurfen | essen |
| Joggen | Musik hören |
| Fernsehen | lernen |
| Essen | chatten |

**9** Machen Sie aus Verben Nomen und ergänzen Sie die Sätze.

kochen • lesen • mitnehmen • runterladen • schreiben • sprechen

1. In der Grunwald-Schule haben meine Eltern schon _____Lesen_____ und _____

   gelernt, dann ich, und jetzt gehen auch meine Kinder hier zur Schule.

2. Beim _____ probiere ich gern neue Rezepte aus.

3. Die kleine Alina kann schon gut laufen, aber das _____ ist noch ein Problem für sie.

4. Das _____ von Filmen aus dem Internet dauert schrecklich lange.

5. Toll, dass du auch ins Stadtzentrum musst, danke für das _____ im Auto.

**10** *Welcher, welche, welches.* Welche Endung? Ergänzen Sie.

A  1. Welch____ Computer soll ich nehmen?
2. Welch____ Film sehen wir uns heute an?
3. Welch____ Buch können Sie mir empfehlen?
4. Welch____ Wein probieren wir?
5. Welch____ Bus fährt hier?
6. Welch____ Sendung magst du?

> **Tipp**
> *Endung wie beim bestimmten Artikel! Überlegen Sie:* **der das die?** *Nominativ (*Wer? *oder* Was für ein?*), Akkusativ (*Wen? *oder* Was für einen?*) oder Dativ (*Wo?*/* Mit ...*)?*

B 1. Auf welch____ Sender läuft jetzt das Spiel?
  2. In welch____ Laden kaufst du die Blumen?
  3. Mit welch____ Schauspielerin spielt der Star am liebsten zusammen?
  4. In welch____ Magazin hast du das gesehen?
  5. Mit welch____ Freunden trifft sich Max heute?

# Lesen

**11** Oliver hat ein besonderes Hobby: alte Filme. Er schreibt in seinem Blog.

„Auch wenn viele sagen, dass ich altmodisch bin, bleibe ich dabei: Ich mag alte Filme! Vielleicht denkt ihr an Filme aus den 80er und 90er Jahren, aber ich meine 50 und sogar 60 Jahre alte Filme. Für mich sind diese Filme wie Freunde: Ich komme abends nach Hause und schalte meinen DVD-Player ein und starte einen Film. Dann höre ich die bekannte Musik und sehe die Gesichter von den alten Stars: z. B. Heinz Rühmann, Heinz Erhardt, Marlene Dietrich, aber auch Heidi Kabel und Henri Vahl. Ich höre ihre Stimmen und fühle mich wie in der alten Zeit, in ihrer Zeit. Dann kann ich alle aktuellen Probleme vergessen. Ich hoffe, ihr könnt mein Hobby jetzt ein wenig besser verstehen. Und wenn nicht – ist das nicht schlimm. ☺"

Heinz Rühmann

Marlene Dietrich

Heinz Erhardt

**a) Was ist richtig? Kreuzen Sie an.**

1. Was sagen viele über Oliver?
   a) ☐ dass ihm neue Filme gefallen
   b) ☐ dass er nicht mit der Zeit geht

2. Welche Filme mag er?
   a) ☐ Filme aus den 80er und 90er Jahren.
   b) ☐ Filme aus den 40er, 50er und 60er Jahren.

3. Warum mag Oliver alte Filme?
   a) ☐ Das ist für ihn wie eine Zeitreise.
   a) ☐ Er mag die moderne Realität nicht.

4. Was bedeuten alte Filme für Oliver?
   a) ☐ Sie erinnern ihn an seine Familie.
   a) ☐ Mit ihnen verbringt er seinen Feierabend.

**b) Welche Schauspieler nennt Oliver nicht? Unterstreichen Sie.**

Heinz Rühmann, Heinz Erhardt, Dietmar Schönherr, Henry Vahl, Wolfgang Völz.

**c) Welche Schauspielerinnen nennt Oliver nicht? Unterstreichen Sie.**

Hertha Feiler, Marlene Dietrich, Lieselotte Pulver

**Finden Sie die neuen Namen im Internet und notieren Sie: Geburtsdatum und drei Filme.**

# Medien im Alltag

**12** Lesen Sie die Texte. Orden Sie die richtige Fernsehsendung zu.

1. Talkshow • 2. Nachrichten • 3. Quiz • 4. Dokumentation

> *Ja, ich engagiere mich für das Projekt. Ich will nicht nur Schauspielerin sein, ich will auch etwas Gutes tun.*

A _____

> *Ein Tier aus Afrika, es beginnt mit einem L und man nennt es auch den „König der Tiere". Na, schon eine Idee?*

B _____

> *Heute kommt der französische Präsident zu einem dreitägigen Staatsbesuch nach Berlin.*

C _____

**13** Sicherheit im Internet. Lesen Sie den Text und bearbeiten Sie die Aufgaben.

## Welche Gefahren warten auf Sie im Internet?

 Sie surfen im Internet, besuchen Freunde im Chat oder kaufen online ein? So können auch sehr unbeliebte Gäste auf Ihren Computer kommen: Viren! Dann kann es passieren, dass Ihre Programme nicht mehr funktionieren oder dass sogar das Gerät selbst nicht mehr startet. Damit Sie sich über so etwas nicht ärgern müssen, können Sie selbst aktiv etwas tun und auf die Sicherheit achten. Das ist nicht schwer, wenn man es regelmäßig macht und sich immer aktuell informiert. Das ist etwas Arbeit, aber es lohnt sich! Das Bundesamt für Sicherheit in der Informationstechnik (BSI) gibt auf seiner Website Informationen für Internetnutzer, damit auch auch Hobby-Computerfans wissen, was sie tun können und müssen. Das sind die drei wichtigsten Punkte:

**1.** Installieren Sie ein gutes Virenschutzprogramm und aktualisieren Sie es regelmäßig.
**2.** Wechseln Sie regelmäßig Ihre Passwörter.
**3.** Vorsicht beim Öffnen von E-Mails! Achten Sie auf den Absender und öffnen Sie keine Anhänge, wenn Sie den Absender nicht kennen.

**Besuchen Sie die BSI-Website im Internet, damit Sie immer gut informiert sind!**

Aufgaben zum Text:

*1. Welcher Titel passt **am besten** zum Text?*
a) ☐ Vorsicht beim Surfen im Internet!   b) ☐ Computersicherheit macht viel Arbeit.
c) ☐ BSI informiert über Gefahren im Internet.

*2. Steht das so im Text?*

| | ja | nein |
|---|---|---|
| 1. Viren gibt es nicht nur im Internet. | ☐ | ☐ |
| 2. Ein Virus kann Programme zerstören. | ☐ | ☐ |
| 3. Man braucht einen Fachmann/eine Fachfrau. | ☐ | ☐ |
| 4. Die Anti-Virus-Software muss immer aktuell sein. | ☐ | ☐ |
| 5. Das BSI gibt Ihnen aktuelle Informationen zum Thema. | ☐ | ☐ |

*3. Unterstreichen Sie die englischen Wörter im Text und lesen Sie sie laut.*

# Kommunikation

**14** Was sehen wir uns heute Abend an? Schreiben Sie den Dialog weiter.

| ARD | | VOX | |
|---|---|---|---|
| 20:00 | **Tagesschau** | 20:00 | **Prominent** |
| 20:15 | **Die Feuerzange-bowle** | 20:15 | **Die Ameise** |
| | *1944* | | Dokumentation |
| | R.: Helmut Weiss, mit | 21:15 | **Natürlich blond** |
| | Heinz Rühmann | 22:00 | **Die Vögel** |
| 21:50 | **Aspekte** | | *1963* |
| | | | R.: Alfred Hitchcock |

*Oliver*
– entdeckt einen alten Film mit
  Heinz Rühmann
– findet Dokumentationen etwas langweilig
– stimmt, Ameisen findet er interessant und
  später kommt ein Hitchcock-Thriller
– macht schon mal das Popcorn

*seine Freundin Carmen*
– kennt den Film schon und möchte eine
  Tierdokumentation sehen
– sagt, dass es um Ameisen geht
– *Die Vögel* findet sie auch toll
– freut sich auf einen schönen Fernsehabend

Oliver:   Ah, heute kommt die Feuerzangenbowle.
          Das ist ein toller alter Film mit …
Carmen: Den haben wir doch schon so oft gesehen.
          Ich möchte lieber die …

**15** Eltern und Lehrer diskutieren: Brauchen Schüler Mobiltelefone? Lesen Sie die Stichpunkte und fassen Sie die Meinungen zusammen.

**Frau Fächner**

*Kinder, keine Handys brauchen / wen anrufen? im Unterricht klingeln, schrecklich! die Eltern, lieber mehr Bücher kaufen*

*Kinder, heute moderne Medien kennenlernen müssen / Wenn Handy haben ➝ lernen den Umgang mit Technik / Eltern und Schule, mehr mit Kindern über das Thema sprechen müssen / aber in der Schule: Handyverbot*

**Frau Kröger**

*arbeiten, meine Kinder erreichen können / ein Handy auch wichtig sein können / wenn etwas passiert, die Polizei oder Feuerwehr rufen können*

**Herr Kriegel**

**+** Und was sagen Sie?

# Sind Sie gesund?

## Wortschatz

**1** Wortfeld Gesundheit. Zeichnen Sie das Kreuz auf ein Blatt Papier und ordnen Sie die Wörter zu.

der Arzt/die Ärztin • Fieber haben •
der/die Krankenpfleger/in •
das Kleingeld • Schmerzen haben •
husten • die Nebenwirkungen beschreiben • der Kamm • sich das
Impfbuch ansehen • die Sprechstunden-
hilfe • die Zahnpasta • Schnupfen
haben • die Seife • die Hausschuhe •
viel Durst haben • ein Medikament
verschreiben • der Bademantel •
im Bett liegen • der Schlafanzug

**Wenn man krank ist, ...**
*hat man Fieber.*

**Berufe**

**Das macht der Arzt/die Ärztin**

**Das braucht man im Krankenhaus.**

**2** Keine Angst vor dem Krankenhaus! Ergänzen Sie den Text. Unten finden Sie Hilfe.

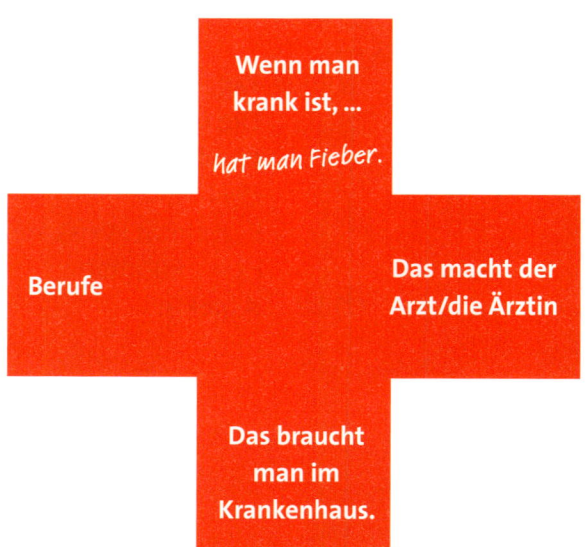

Peter arbeitet an einem neuen Computerprogramm und war in

letzter Zeit nur _____[1]: Zu wenig _____[2],

kein Sport, er hatte nicht einmal Zeit für einen Spaziergang.

Er hat auch nicht richtig gegessen, denn in der _____[3]

hat er einfach weitergearbeitet und ist nicht mehr in die

_____[4] gegangen. Dann hatte der Körper einfach keine _____[5] mehr.

Zuerst hat Peter nur _____[6], aber am Wochenende hatte er plötzlich sehr hohes

_____[7], fast 40 Grad. Seine Frau Julia hat _____[8] bekommen und sie

hat ihn mit dem Auto ins _____[9] gebracht. Der Arzt hat ein _____[10]

von seiner Brust gemacht und tatsächlich: Peter hatte eine Lungenentzündung! Er musste ein

paar Tage im Krankenhaus bleiben und hat starke _____[11] bekommen. Peter hat so

etwas noch nie _____[12] und war zuerst _____[13], weil er nicht sofort

nach Hause gehen konnte. Aber Julia hat ihm _____[14] gemacht: „ Die Tage im

Krankenhaus tun dir nur _____[15]. Das Wichtigste ist doch, dass du bald wieder

_____[16] bist. _____[17] haben wir nicht zu lange gewartet!"

Medikamente • Mittagspause • Mut • Röntgenbild • Schlaf • verzweifelt • zum Glück •
Angst • erlebt • Fieber • gehustet • gut • gestresst • gesund • Kantine • Kraft • Krankenhaus

## 9

**3** Wo fehlen die Wörter?
Schreiben Sie den Text in Ihr Heft und setzen sie die fehlenden Wörter ein.

## Spielsucht ist eine Krankheit

Man schätzt, dass in D A CH ca. 400.000 Menschen vom Glückspiel sind. Zuerst ist das nur eine. Wenn man verliert, ist das eine. Man spielt immer öfter, zum Beispiel man die ganze Nacht oder man sitzt stundenlang ar einem Automaten. Man verliert oft Tausende von und hat immer mehr. Aber man spielt weiter, weil man glaubt, dass man sein Geld mit dem nächsten Spiel zurückgewinnen kann, und das sehr. Aber mit jedem Spiel verändert man sich langsam ein bisschen mehr und kann bald nicht mehr. Dann ist das Spielen eine Sucht*. Und Spielsucht ist eine. Wenn der Spieler oder die Spielerin das erkannt hat, kann man ihm oder ihr auch.

abhängig • aufhören • Herausforderung • Krankheit • Euro • Leidenschaft • würfelt • helfen • Schulden • motiviert • Spielen

\* die Sucht = wenn man von etwas abhängig ist (Alkohol, Zigaretten etc.)

**4** Das hat gut getan! Bilden Sie Sätze und schreiben Sie einen Text.

1. Ich, ein Gesundheitsprogramm von meiner Krankenkasse, teilgenommen, an
2. Zuerst, ein wenig Angst, ich, haben – aber – meine Freunde, Mut machen, mir
3. Dann, ich, mich anmelden
4. Der Trainer, uns, immer wieder, motivieren, er, sehr nett
5. Das Programm, vier Tage, dauern
6. Wir, unseren Trainingsrhythmus, selbst bestimmen können
7. Das, die Gesundheit, sehr guttun, sicher

*Ich habe an einem* _____

_____

_____

_____

_____

_____

## Grammatik

**5** Verben im Präteritum.
a) Aber wie heißt der Infinitiv? Ergänzen Sie.

1. lebte: _____
2. hatte: _____
3. arbeitete: _____
4. ging: _____

5. gab: _____
6. kam: _____
7. blieb: _____
8. war: _____

9. sollte: _____
10. wollte: _____
11. musste: _____
12. wusste: _____

b) Pedro hatte gestern einen anstrengenden Tag. Beschreiben Sie ihn mit den Verben aus a).
Die Nummern und Sätze mit *als* helfen.

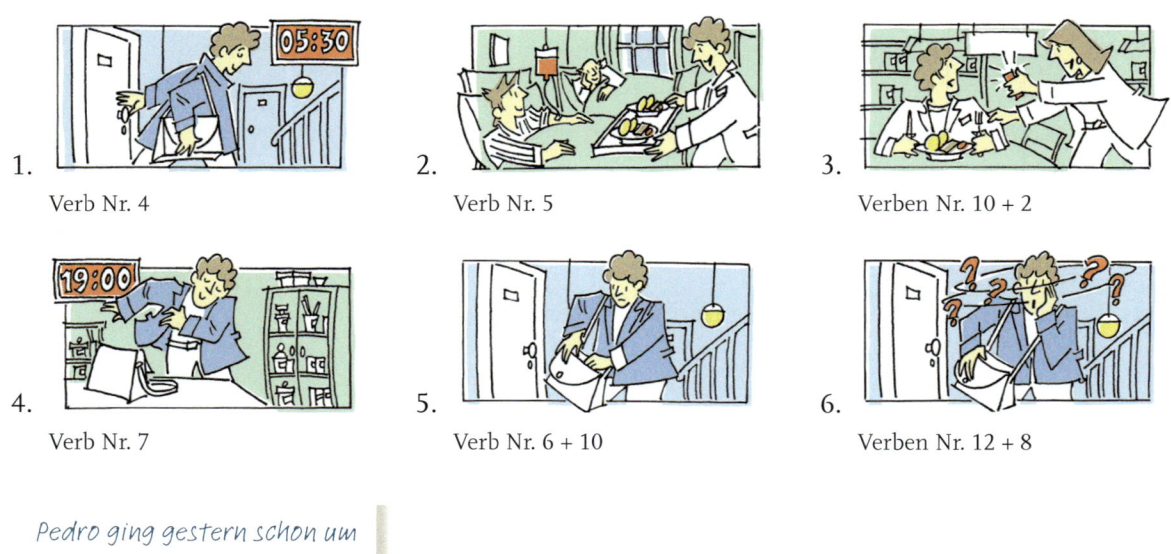

1. Verb Nr. 4
2. Verb Nr. 5
3. Verben Nr. 10 + 2
4. Verb Nr. 7
5. Verb Nr. 6 + 10
6. Verben Nr. 12 + 8

*Pedro ging gestern schon um*

**6** Wer hat die Verben gegessen? Ergänzen Sie sie im Präteritum.

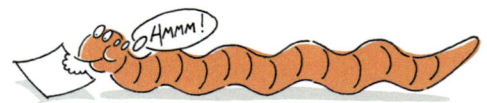

**Wie ich zum Sport [⌒]¹**

Als ich 25 Jahre alt [⌒]², [⌒]³ ich nicht viel Bewegung. Ich [⌒]⁴ viel und

[⌒]⁵ immer lange im Büro. Danach [⌒]⁶ ich keine Lust mehr auf Sport. Ich

[⌒]⁷ lieber fernsehen und Chips essen. Ich [⌒]⁸ sehr ungesund. Doch dann

[⌒]⁹ alles anders: Ich [⌒]¹⁰ schreckliche Rückenschmerzen und ich [⌒]¹¹:

Wenn ich nichts für meinen Rücken tue, kann ich bald nicht mehr richtig laufen! Es [⌒]¹²

also keine andere Möglichkeit, ich [⌒]¹³ zum Sport. Und so schlimm [⌒]¹⁴ das

Training gar nicht!

**7** Fragen im Präteritum formulieren. Schreiben Sie Fragen zum Text: *Wann, Woher, Wer, Warum, Welche, Was, Wie?*

Jamilla ging 2003 nach Deutschland. Sie kam aus Afghanistan. In ihrer Heimat war Krieg und deshalb blieb sie nicht dort. Ihre Familie – zwei Töchter und ihr Mann – kamen mit ihr mit. Zu Hause arbeiteten Jamilla und ihr Mann als Grundschullehrer, ihre Töchter waren dort Ärztinnen. In Deutschland wollte die Familie zuerst Deutsch lernen, denn alle wollten bald wieder in ihren Berufen arbeiten. Nach fünf Jahren konnten sie ihr Ziel erreichen. Zuerst mussten sie nach dem Deutschkurs noch Prüfungen in ihren Berufen machen, aber sie hatten sehr gute Ergebnisse.

**8** Gute Ratschläge: Wer sollte was tun? Ergänzen Sie das Verb *sollen.*

*Der Chef sagt:*   „Du, Susanne, _solltest_ vielleicht mutiger sein.

Manfred _____ netter zu den Kunden sein.

Wir _____ mehr über unsere Probleme diskutieren.

Ihr alle _____ mehr Ideen haben.

Alle Kollegen _____ mit mehr Leidenschaft arbeiten.

Und ich? Ich _____ euch mehr unterstützen ☺!“

**9** Wiederholung: Modalverben im Präteritum. Ergänzen Sie.

**a) Wünsche früher: *wollen***

Ich _____ gute Noten haben.

Du _____ tanzen lernen.

Er _____ einen Hund haben.

Wir _____ viele Freunde haben.

Ihr _____ mit uns lernen.

Sie _____ mehr reisen.

**b) Möglichkeiten früher: *können***

Ich _____ hoch springen.

Du _____ schnell laufen.

Er _____ schön singen.

Wir _____ lange schlafen.

Ihr _____ kein Deutsch.

Sie _____ nicht sparen.

**c) Aufgaben früher: *müssen***

Ich _____ früh aufstehen.

Du _____ viel arbeiten.

Er _____ täglich einkaufen.

Wir _____ pendeln.

Ihr _____ aufräumen.

Sie _____ pünktlich sein.

**d) (keine) Verbote: *dürfen***

Ich _____ nicht allein raus.

Du _____ bis 11 Uhr fernsehen.

Er _____ nicht tanzen.

Wir _____ laut Musik hören.

Ihr _____ ins Theater gehen.

Sie _____ Fragen stellen.

Und Sie? Schreiben Sie mit den Sätzen aus Aufgabe 9 einen Text über sich.

# Sind Sie gesund?

## Lesen

**10** Was ist gesund?
a) Lesen Sie die Texte schnell und ordnen Sie die Überschriften zu.

A) Eiskalte Getränke an kalten Tagen?    B) Brauchen wir mindestens 7 Stunden Schlaf?
C) Sport mit dem Partner: Ja oder Nein?

1. ☐ Es kann doch so schön sein: Die Sonne scheint, ein leichter Wind geht, die neuen Laufschuhe passen. Peter atmet tief ein und aus, aber dann hört er das Jammern von hinten: „Nicht so schnell, du wolltest dein Tempo doch anpassen!"
Kennen Sie das auch und haben Sie sich gedacht: „Nie wieder Sport mit meinem Partner!"?
Aber gemeinsam Sporttreiben kann viele Vorteile haben. Sie motivieren sich gegenseitig, wenn der innere Schweinehund Sie auf das Sofa locken will. Außerdem tun gemeinsame Interessen jeder Beziehung gut. Wichtig ist aber, dass man vorher darüber spricht, was der oder die andere will und kann, denn häufigste Streitursache sind unterschiedliche Leistungsniveaus und Wünsche.

2. ☐ Zu wenig Schlaf ist schlecht, zu viel Schlaf auch. Das Ergebnis einer neuen Studie der WVU (West Virginia University) sagt: Wer weniger als fünf Stunden oder mehr als neun Stunden schläft, der erhöht das Risiko für Herzkrankheiten. Aber bisher ist viel zu wenig erforscht, welchen Einfluss das angeborene natürliche Schlafbedürfnis hat. Denn es gibt Menschen, die nach fünf Stunden munter und erholt sind und andere, die mindestens acht Stunden brauchen. Am wichtigsten ist aber die Schlafqualität und über die weiß man noch viel zu wenig. Guter Schlaf kann also individuell sehr unterschiedlich sein.

3. ☐ Es ist heiß, der Hals ist trocken – wir haben Durst. Bei Temperaturen über 30 Grad trinken wir automatisch häufiger und das ist gut so, denn der Körper braucht das Wasser, das er in der Hitze verloren hat. Am liebsten trinken wir dann ein eiskaltes Getränk, weil es uns ein Gefühl von Frische bringt. Aber leider funktioniert das nicht. Denn der Körper muss das kalte Getränk im Bauch erwärmen – und das kostet Energie und erhitzt uns wieder. Also besser Wasser trinken, das nicht aus dem Kühlschrank kommt. Wenn Sie davon aber genug trinken (mindestens 1,5 l), dann können sie zwischendurch auch mal zur eiskalten Flasche greifen.

b) Lesen Sie die Texte noch einmal und beantworten Sie die Fragen in den Überschriften mit *wenn*-Sätzen.

*Ja, wenn man vorher …*

c) Lesen Sie die Texte noch einmal: richtig oder falsch? Kreuzen Sie an.

|  | richtig | falsch |
|---|---|---|
| 1. Zu zweit trainieren Paare regelmäßiger. | ☐ | ☐ |
| 2. Alle Menschen brauchen gleich viel Schlaf. | ☐ | ☐ |
| 3. Wenn es heiß ist, trinken wir von alleine mehr. | ☐ | ☐ |
| 4. Paare streiten beim Sport oft, wenn sie gleich gut sind. | ☐ | ☐ |
| 5. Man weiß noch nicht genau, warum Menschen so unterschiedlich schlafen. | ☐ | ☐ |
| 6. Eiskalte Getränke kühlen den Körper. | ☐ | ☐ |

# Kommunikation

**11** Sie möchten sich zu einem Fitness-Kurs anmelden. Füllen Sie das Formular aus.

**Teilnehmer/in**

Name: _____ Vorname: _____

**Anschrift**

Straße: _____

Postleitzahl: _____ Ort: _____

Telefon: _____ Handy: _____

E-Mail: _____

Ich möchte an folgenden Kursen teilnehmen:

| Kung Fu | ☐ | Bauch spezial | ☐ | Yoga | ☐ |
| Karate | ☐ | Spinning | ☐ | Pilates | ☐ |
| Kickboxen | ☐ | BBP Aerobic | ☐ | Qi Gong | ☐ |

**12** Echt passiert! Eine Geschichte erzählen. Ergänzen Sie die Sätze mit den Elementen rechts. Die Nummern helfen.

Beispiel: 1: **Am Sonntag** spielte Daniel mit seinen Freunden auf dem Hof.

1. Daniel spielte mit seinen Freunden auf dem Hof. 2: Seine Mutter war zu Hause. 3: Ein Junge kam an die Tür und hat gesagt, dass Daniel auf dem Weg ins Krankenhaus ist. 4: Seine Mutter konnte sich vor Schock gar nicht bewegen. 5: Sie ist schnell die Treppe heruntergelaufen – ohne Mantel und noch in Hausschuhen! 6: Sie bemerkte es, kam schnell zurück und hat sich richtig angezogen. 7: Sie hat gedacht: „Wenn jemand im Krankenhaus liegt, braucht er Obst!" 8: Sie kaufte zwei Kilo Orangen und fuhr mit dem Bus zum Krankenhaus. 9: Aber in Daniels Zimmer dachte sie: „Was habe ich da nur mitgebracht? Orangen! Die braucht er jetzt am wenigsten. Das muss der Schock sein". 10: Sie hat Daniel einen Schlafanzug, Hausschuhe und Unterwäsche mitgebracht. 11: Und Daniel konnte eine Woche später wieder nach Hause.

1 am Sonntag
2 zum Glück
3 denn, plötzlich
4 zuerst
5 dann
6 als
7 auf der Straße
8 deshalb, dann
9 schon, doch wirklich
10 schließlich
11 schon

**13** Früher und heute. Vergleichen Sie und machen Sie Stichpunkte. Dann schreiben Sie einen Text.

wo leben?
Arbeit/Ausbildung?
mit wem leben?
bester Freund/beste Freundin?
Freizeit?

2000        2012

# Feste feiern

## Wortschatz

**1** Feste im Jahr. Ordnen Sie die Festtage in die Grafik ein.

1. Tag der Arbeit

2. Tag der Deutschen Einheit /

3. Nationalfeiertag (A oder CH)

4. Allerheiligen

5. Ostern

6. Pfingsten

7. Tag der Heiligen drei Könige

8. Weihnachten

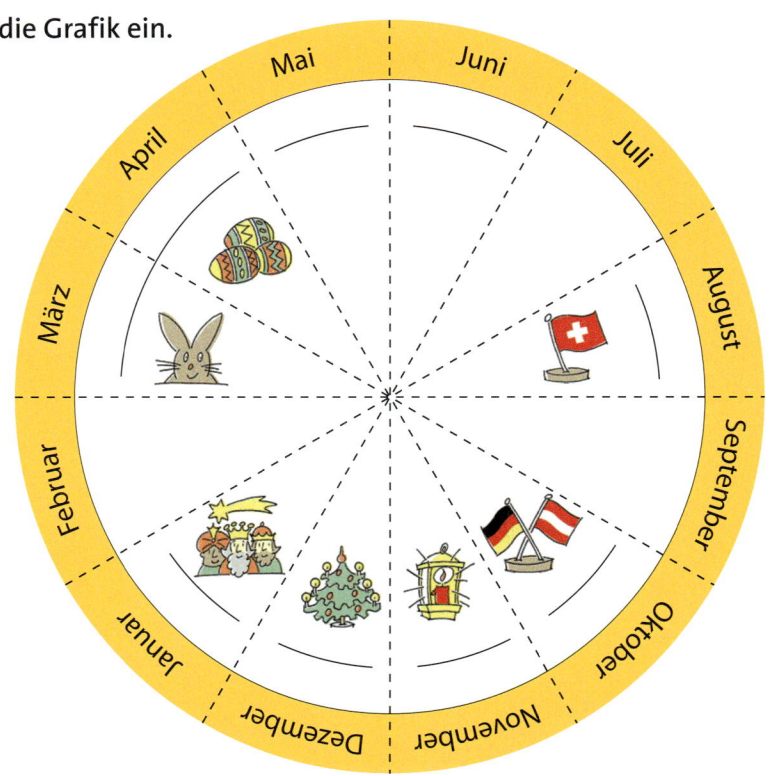

**+** Zeichnen Sie eine Grafik für Ihre persönlichen Feiertage: Geburtstage, Hochzeitstag, Namenstag ...

**2** Wörter raten. Ergänzen Sie.

1. Eine Frau, die tanzt ist eine T Ä N Z E R I N .

2. Ein Mann, der mit Musik Geld verdient, ist ein ☐☐☐☐☐☐☐ .

3. Wie viele Z ☐☐☐☐☐☐☐☐ waren gestern im Theater?

4. Das Wetter ist so schlecht, wir legen das Fest in die große ☐☐☐☐☐ .

5. Alle mögen ihn. Er ist sehr ☐☐☐☐☐☐☐ .

6. Sie hat einen S ☐☐☐☐ gemietet und verkauft Brötchen und Kaffee.

7. Sara und Tom heiraten. Die ☐☐☐☐☐☐☐☐☐ ist nächsten Samstag.

8. Hast du auch eine ☐☐☐☐☐☐☐☐☐ bekommen? Gehst du hin?

9. Alle sind schon da. Begrüßt du die ☐☐☐☐☐ ?

10. Zum Karneval ☐☐☐☐☐☐☐☐☐☐ wir uns als Clown und Königin.

11. Wie riecht es denn hier? Was ist das für ein ☐☐☐☐☐☐ ?

12. An Allerheiligen gehen wir auf den ☐☐☐☐☐☐☐ und legen Blumen auf das ☐☐☐☐ .

**3** Welches Wort passt? Ordnen Sie zu.

a) schwitzen = ☐

b) die Ringe = ☐

c) das Geschenk = ☐

d) das Paar = ☐

e) das Feuer = ☐

f) begeistert sein = ☐

g) sich küssen = ☐

**4** Ähnlichkeiten und Gegensätze.
a) Welches Wort ist (fast) gleich? Ergänzen Sie.

1. 24 Uhr = _____

2. stark (riechen, schmecken) = _____

3. Stadtmitte = _____

4. 50 Prozent = _____

5. viel Spaß haben = _____

6. etwas zum ersten Mal essen = _____

b) Welches Wort hat eine ganz andere Bedeutung? Ergänzen Sie.

1. nervös sein ≠ _____

2. sich amüsieren ≠ _____

3. finden ≠ _____

4. beginnen ≠ _____

**5** Ergänzen Sie die Pluralform.

der Tänzer – _____

der Gast – _____

der Friedhof – _____

das Grab – _____

das Fest – _____

der Strand – _____

**6** Füllen oder fühlen?

1. Ich _____ den Blumentopf mit Erde.

2. Wie _____ du dich heute?

3. Alle _____, dass die Stimmung gut ist.

4. Vor dem ersten Schultag _____
die Eltern eine Schultüte mit Süßigkeiten für ihr Kind.

*Tipp*
*Achten Sie auf den Unterschied!*
*füllen: etwas voll machen,*
*z.B. das Glas mit Wasser füllen*
*fühlen: sich gut fühlen,*
*Kälte fühlen*

# Feste feiern

## Grammatik

**7** Relativpronomen: Nominativ (N) oder Akkusativ (A)? Setzen sie den passenden Buchstaben ein und ergänzen sie das Relativpronomen.

**Eine internationale Familie feiert viele Feste**

Julianas Mutter ist Griechin. Sie kam vor 30 Jahren als Studentin nach Deutschland und

verliebte sich in ihren späteren Mann, _____ ¹ [N] mit ihr zusammen studierte. Mit

Alex, _____ ² [ ] sie an der Universität kennengelernt hat und _____ ³ [ ]

auch Julianas Vater ist, ist sie nun schon lange verheiratet. Vor kurzem haben sie ihren

25. Hochzeitstag gefeiert, _____ ⁴ [ ] man auch Silberne Hochzeit nennt. Julianas

Mutter ist griechisch-orthodox, Alex aber ist evangelisch, deshalb gibt es in ihrer Familie jedes

Fest, _____ ⁵ [ ] die christliche Kirche feiert, fast immer zweimal.

Auch Juliana heiratet bald. Ihr Farjad ist ein hübscher junger Mann, _____ ⁶ [ ] aus dem

Iran kommt und muslimisch ist. Deshalb stehen in dem Familienkalender, _____ ⁷ [ ]

in der Küche hängt, jetzt noch mehr Feste. Fast jede Woche gibt es jetzt einen Feiertag!

**8** Vorbereitungen auf das Fest. Verbinden Sie die Sätze wie im Beispiel.

*Beispiel:* Das ist die Halle. Wir haben sie für das Fest gemietet.

→ Das ist die Halle, die wir für das Fest gemietet haben.

1. Auf der Bühne tritt ein berühmter Tänzer auf. Wir haben ihn extra gebucht.

_____

2. Hier spielen die Musiker. Sie kommen aus Kuba.

_____

3. Sie spielen Salsa. Die gefällt vielen Besuchern.

_____

4. Das ist der größte Teil der Halle. Wir verwandeln ihn in einen Zuschauerraum.

_____

5. Später stehen draußen die Stände. Wir müssen sie noch aufbauen.

_____

6. Es gibt ein ganzes Lamm. Wir grillen es im Hof.

_____

7. Morgen verschicken wir 300 Einladungen. Wir müssen sie noch in die Umschläge stecken.

_____

**9** Hochzeit planen. Schreiben Sie Julianas Antworten auf Farjads Fragen.

*Farjad:*  Welches Hochzeitskleid wollen wir kaufen?
(Ich habe es gestern anprobiert.)

*Juliana:*  *Wir kaufen das Hochzeitskleid, das ich gestern anprobiert habe.*

1. Welches Restaurant mieten wir für die Feier?
(Es hat uns den besten Preis angeboten.)
2. Welche Leute laden wir zur Hochzeit ein? (Wir mögen sie.)
3. Welche Torte sollen wir bestellen? (Sie hat vier Etagen.)

**10** Fragen mit Relativsätzen in der Satzmitte.
Schreiben Sie wie im Beispiel.

> die Feste • du • lieber haben /
> man • im Sommer feiern

*Hast du die Feste, die man
im Sommer feiert, lieber?*

1. das Bier • du • lecker finden / am Stand kaufen kann
2. den Gast • du • sympathisch finden / ist später gekommen
3. der Käse • sehr intensiv schmecken / du • probiert haben
4. der Tänzer • hat gut getanzt / ist am Anfang aufgetreten

**11** Wiederholung: Verben mit Dativ.
Ergänzen Sie das passende Verb und setzen Sie das Pronomen in den Dativ.

gefallen • schenken • schmecken • zuhören

1. Hast du _____ (ich) auch genau _____ ?

2. _____ (er) unsere Weihnachtskarte?

3. _____ (du) denn das Gericht, das ich gekocht habe?

4. Was _____ er _____ (sie) zum Muttertag?

# Lesen

**12** Silvester feiern. Welche Anzeige passt zu wem? Ordnen Sie zu.

A
> *Ich mag es nicht, wenn sich alle jedes Jahr an den Tisch setzen, Sekt trinken und Standardwünsche aussprechen – langweilig!*

B
> *Wir wollen schick feiern und das neue Jahr im Anzug und Abendkleid begrüßen!*

C
> *Wir feiern gern mit Freunden zusammen und mögen es gemütlich.*

1.
> *Sie möchten entspannt ins neue Jahr feiern? Mit lieben Freunden zusammen sein, gut essen und bei einem Glas Wein etwas spielen? Wir nehmen Ihnen die Vorbereitung ab und liefern alles ins Haus: 3-Gänge-Menü oder Buffet, Getränke und große Auswahl an beliebten Spiele-Klassikern.* ☐

2.
> *Silvester – wild und laut Große Silvesterfeier in der Fabriketage. Techno bis zum Morgen! Kostüme erwünscht, Motto: wild und exotisch! Getränkegutschein im Eintrittspreis enthalten.* ☐

3.
> *Sie möchten das neue Jahr elegant mit Orchester und Tanz begrüßen? Dazu genießen Sie ein Gourmet-Feuerwerk von unserem ausgezeichnetem Koch! Abendgarderobe erwünscht.* ☐

# Feste feiern

**13** Eine Einladung zur Hochzeit ist gekommen.

**a) Lesen Sie die Fragen und den Brief und antworten Sie.**

1. Wer lädt zur Hochzeit ein? _____

2. Nadine freut sich, dass die Einladung so früh gekommen ist. Warum? _____

_____

3. Warum hat Nadine so wenig Freizeit? _____

4. Aus welchem Land kommt der Freund von Nadine? _____

Liebe Juliana, lieber Farjad,

vielen Dank für die Einladung zu eurer Hochzeit, über die ich mich sehr gefreut habe! Es ist sehr gut, dass ihr mir schon jetzt den Termin mitgeteilt habt, weil ich so diesen Tag viel leichter freihalten kann. Denn ich muss in diesem Jahr sehr viel reisen – Indien, Japan, USA und dann noch einige Termine in ganz Europa. Ihr kennt ja den Job. Es gibt immer wieder Konferenzen, Präsentationen und man muss neue Geschäftspartner treffen.
Jetzt zurück zu den wirklich wichtigen Dingen: Was kann ich euch schenken? Bitte schreibt mir, ob ihr einen besonderen Wunsch habt. Ich möchte natürlich, dass ihr euch über mein Geschenk freut und dass ihr es auch gut gebrauchen könnt. Eine Frage habe ich noch zum Schluss: Vor einem Monat habe ich einen netten jungen Mann aus Kolumbien kennengelernt und bin schon jetzt der Meinung, dass es der Richtige für mich ist. Darf ich ihn zur Feier mitbringen, dann könnt ihr ihn auch gleich kennenlernen?

Also noch einmal vielen Dank für die Einladung und bis bald!

Herzliche Grüße
Eure Nadine

**b) Was steht im Text? Kreuzen Sie an.**

|  | ja | nein | steht nicht im Text |
|---|---|---|---|
| 1. Nadine bedankt sich für eine Einladung. | ☐ | ☐ | ☐ |
| 2. Sie ist beruflich sehr viel unterwegs. | ☐ | ☐ | ☐ |
| 3. Denn sie ist Geschäftsführerin. | ☐ | ☐ | ☐ |
| 4. Farjad kommt aus dem Iran. | ☐ | ☐ | ☐ |
| 5. Nadine hat schon ein Geschenk gekauft. | ☐ | ☐ | ☐ |
| 6. Nadine kennt ihren neuen Freund seit etwa vier Wochen. | ☐ | ☐ | ☐ |
| 7. Er soll nicht mit zur Hochzeit kommen. | ☐ | ☐ | ☐ |

# Kommunikation

**14** Schreiben Sie eine Weihnachtskarte an Ihre Freunde.
Nutzen Sie diese Punkte.
- Ihre Freunde heißen Svenja und Nils.
- Die beiden wollen im nächsten Jahr umziehen.
- Sie bieten Ihre Hilfe an / wollen bald wissen,
  an welchem Tag der Umzug ist
- Sie feiern Silvester mit ein paar Freunden und freuen
  sich, wenn Svenja und Nils auch zur Feier kommen.

**Tipp**

Zu Weihnachten kann man schreiben:
„Fröhliche Weihnachten und ein gesundes Neues Jahr", „Ein frohes Weihnachtsfest und einen guten Rutsch ins Neue Jahr", „Ein wunderschönes Weihnachtsfest und ein erfolgreiches Neues Jahr"

**15** Farjad hat zum ersten Mal mit Julianas Familie das deutsche Weihnachtsfest gefeiert.
Er beschreibt seiner Mutter das Fest. Schreiben Sie den Brief. Die Wörter helfen.

Dank für letzten Brief • zum Weihnachtsmarkt gehen • letzte Geschenke gekauft • den Weihnachtsbaum schmücken und Kerzen anzünden • am 24. Dezember Weihnachtslieder singen, Geschenke ausgepackt • am 25. Dezember eine Weihnachtsgans essen / mit Äpfeln gefüllt • Weihnachten hier sehr gemütlich und ruhig • dich vermissen

**16** Die richtigen Sprüche zum richtigen Fest. Ordnen Sie zu.

Geburtstag: _____     Hochzeit: _____     Silvester: _____

1. Sonne kann nicht ohne Schein, Mensch nicht ohne Liebe sein.
(Johann Wolfgang von Goethe)

2. Wir wünschen Dir an Deinem Tag, dass alle Welt Dich herzlich mag; nette Arbeit und viel Geld, Reisen um die ganze Welt!

3. Du bist so schön, Du fühlst dich toll – heut' machst Du Deine 80 voll, bleib schön, gesund und fit – wir feiern alle mit!

4. Einen guten Rutsch ins Neue Jahr und ich wünsche dir, dass es besser ist, als das alte war.

**17** Ein Freund von Ihnen hatte vor drei Tagen Geburtstag. Sie rufen ihn an und sprechen auf seine Mobilbox. Schreiben Sie die Nachricht auf.
- Sie grüßen, nennen Ihren Namen.
- Sie gratulieren nachträglich und wünschen alles Gute.

*Wenn man den Geburtstag einer Person vergessen hat, sagt man: „Ich gratuliere dir **nachträglich** zum Geburtstag!"*

**18** Kindergeburtstag früher und heute. Vergleichen Sie.
Schreiben Sie Sätze.

*ich / früher*
bestes Kleid anziehen müssen
nicht schmutzig machen dürfen
ein Gedicht aufsagen müssen
Fest vor allem für Eltern und Verwandte
schön

*meine Tochter / heute*
Freunde einladen
Spiele spielen
Lieblingsessen
Kinder haben Spaß

## Feste und Bräuche in D A CH

**1** Lesen Sie alle drei Texte. Welche Fotos passen zu welchem Text?

### Osterräderlauf in Lügde

**1.** Osterfeuer gibt es in vielen Orten, aber in dem kleinen Ort Lügde zwischen Hameln und Paderborn findet jedes Jahr zu Ostern ein besonderes Spektakel statt: der Osterräderlauf. Man glaubt, dass dieser Brauch aus dem Mittelalter die winterlichen Geister vertreiben und die Sonne begrüßen sollte.
Schon einige Tage vorher legt man die großen Holzräder in den Fluss, damit sie später beim Lauf nicht so schnell verbrennen. Am Ostersonntag stellt man die Räder auf den Osterberg auf und steckt viel Stroh an die Räder. Am Abend, wenn es dunkel ist, zündet man dieses Stroh an und dann rollen die Feuerräder den Berg hinunter. ☐ ☐

### Sächsilüüte – das Sechseläuten in Zürich

**2.** Jedes Jahr im April findet in der Schweiz ein ganz besonderes Frühlingsfest statt: das Sächsilüüte in Zürich. Dabei wird der Bögg verbrannt. Der Bögg ist ein Schneemann aus Pappe. Zu Beginn findet ein großer Umzug statt. Er endet auf dem Sechseläutenplatz, wo auf einem Scheiterhaufen der Schneemann steht. Punkt 18.00 Uhr zündet man das Feuer an und Reitergruppen reiten auf ihren Pferden im Kreis um den Scheiterhaufen. Der Höhepunkt ist erreicht, wenn der Schneemann seinen Kopf verliert. Wenn das schnell geht, so sagt man, gibt es einen guten Sommer mit viel Sonne. Dauert es lange, bis der Kopf fällt, stehen die Chancen für einen schönen Sommer schlecht. Zehntausende von Zuschauerinnen und Zuschauern kommen am Sechseläutenwochenende in die Stadt Zürich. Hunderttausende in der ganzen Schweiz sehen sich den Umzug und das Verbrennen des Böggs im Fernsehen an. ☐ ☐

E

F

## Das Maibaum-Fest

**3.** Auf dem zentralen Platz in fast jedem Dorf in Oberösterreich und Bayern steht ab dem ersten Mai der Maibaum, ein 20 bis 30 Meter hoher Baum. Alle Äste hat man entfernt und zwei oder drei Kränze mit bunten Bändern und Brezeln hängen an seiner Spitze. Der Maibaum ist ein Lebens- und Fruchtbarkeitssymbol. Oft tanzt man Volkstänze um ihn herum. Auch heute noch gibt es viele Bräuche rund um den Maibaum, wie zum Beispiel das Maibaumstehlen.

Am ersten Mai finden meistens große Dorf- oder Stadtfeste mit Musik, Tanz, Essen und Kinderprogramm statt. Auf diesen Feiern gibt es für die Jugendlichen Wettkämpfe beim Maibaum-Kraxeln: Wer schafft es bis zur Brezel und wer ist der Schnellste? ☐ ☐

**2** Was passt? Verbinden Sie.

| | |
|---|---|
| 1. Die Holzräder | a) verliert seinen Kopf. |
| 2. Die Jugendlichen | b) stellt man am 1. Mai einen Maibaum auf. |
| 3. Der Schneemann | c) rollen den Berg hinunter. |
| 4. Hunderttausende Zuschauer | d) hat man die bösen Geister vertrieben. |
| 5. In vielen Dörfern | e) klettern am Baum hoch. |
| 6. Mit dem Osterräderlauf | f) sehen im Fernsehen wie der Bögg verbrennt. |

**3** Gibt es bei Ihnen ähnliche Bräuche? Erzählen Sie.

Am ersten ... / Im Mai/August/Dezember feiert man ...
Dabei verbrennen ... / essen ... / trinken ... / kommen ... / tanzen ...
Alle treffen sich ... / man macht einen großen Umzug / ...
Alle / Die Leute tragen / verkleiden sich / werfen / stellen ... auf / zeigen ...

# Alles ganz menschlich

## Wortschatz

**1** Emotionen und Charakter. Sehen Sie die Fotos an. Welche Eigenschaften fallen Ihnen ein? Sammeln Sie Adjektive.

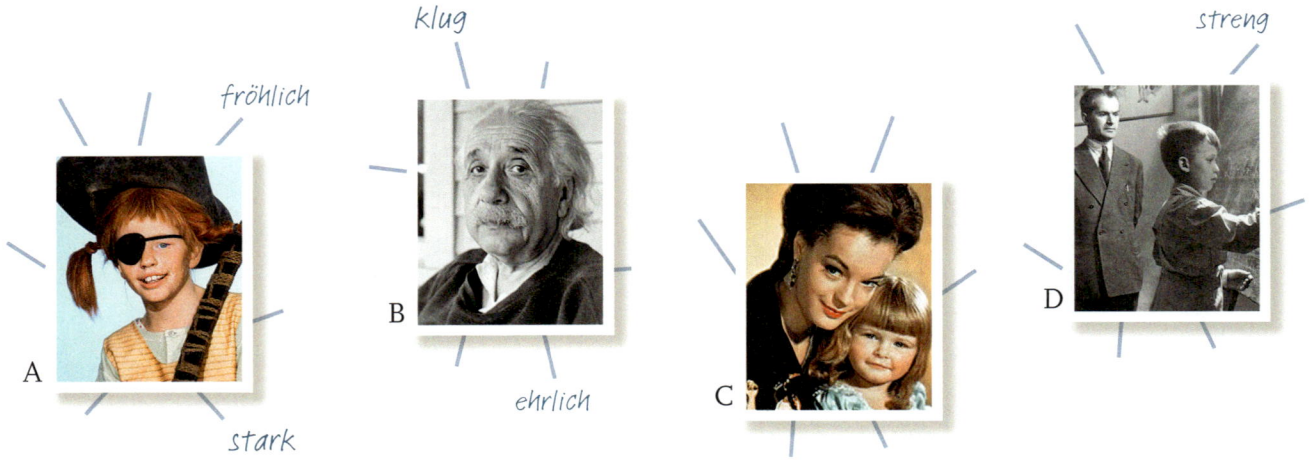

*klug*

*fröhlich*

*streng*

B

D

A

*ehrlich*

C

*stark*

selbstbewusst • ordentlich • treu • egoistisch • fleißig • glücklich • unabhängig • klug • direkt
ernst • ehrlich • streng • spontan • offen • besorgt • ängstlich • gerecht • aggressiv • frech

**2** Wörter bauen.
**a) Bilden Sie Nomen.**

1. Künst-
2. Unabhängig-
3. Überrasch-
4. Geheim-
5. Eigen-
6. Möglich-
7. Beleidig-
8. Entscheid-
9. Stimm-

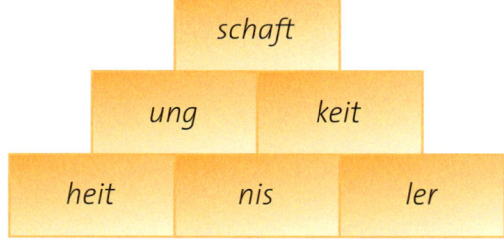

schaft

ung    keit

heit    nis    ler

*der Künstler,*

**b) Bilden Sie Adjektive.**

1. ängst-
2. fleiß-
3. ähn-
4. ehrgeiz-
5. egoist-
6. aggress-
7. hekt-
8. ehrl-
9. ordent-
10. kom-
11. geduld-
12. gemütl-

lich    isch    iv    ig

*ängstlich,*

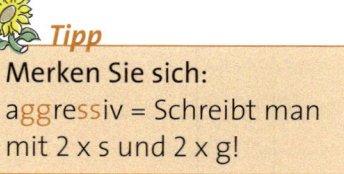

🌻 *Tipp*

Merken Sie sich:
agg**re**ss**iv** = Schreibt man
mit 2 x s und 2 x g!

**3** Aus Wörtern Sätze machen.
**a) Was passt zusammen? Verbinden Sie.**

1. (sich) Sorgen
2. eine Entscheidung
3. jemanden / etwas ernst
4. eine Aufgabe
5. einverstanden
6. ein Buch
7. einen gepflegten Eindruck

a) lösen
b) treffen
c) machen
d) sein
e) machen
f) nehmen
g) veröffentlichen

**b) Schreiben Sie mit diesen Verbindungen Sätze in der Ich-Form.**

*Ich mache mir Sorgen, weil meine Tochter noch nicht zu Hause ist.*

**4** Wörter verstehen.
**a) Was ist ähnlich? Ordnen Sie zu.**

| | | |
|---|---|---|
| nervös | = ☐ | 1. keinen Streit haben |
| offen | = ☐ | 2. Das ist richtig. |
| abhauen | = ☐ | 3. hektisch |
| schimpfen | = ☐ | 4. direkt |
| sich mit jemanden gut verstehen | = ☐ | 5. fluchen |
| Das stimmt. | = ☐ | 6. weggehen |

**b) Was ist ganz anders? Ordnen Sie zu.**

| | | |
|---|---|---|
| selbstbewusst | ≠ ☐ | 1. ruhig sein |
| sich aufregen | ≠ ☐ | 2. bekannt |
| unbekannt | ≠ ☐ | 3. sich langweilen |
| Spaß haben | ≠ ☐ | 4. dumm |
| weinen | ≠ ☐ | 5. ängstlich |
| klug | ≠ ☐ | 6. lachen |
| sich ärgern | ≠ ☐ | 7. sich freuen |

**5** Welches Wort fehlt? Ergänzen Sie.

aggressiv • direkt • ehrlicher • einverstanden • ~~Gesten~~ • lächeln • lügt • offen • Sternzeichen • stimmt

1. _____Gesten_____ [1] sind oft _____ [2] als Wörter. Wenn jemand zum Beispiel in einem Gespräch _____ [3], dann merken wir das oft. Oder jemand kann _____ [4], aber man sieht, dass er oder sie eigentlich nicht mit dem Vorschlag _____ [5] ist.

2. Mein _____ [6] ist Skorpion. Im Horoskop steht, dass wir _____ [7] und _____ [8] sind, aber manchmal leider auch _____ [9] sein können. Ich glaube, das _____ [10], denn ich sage immer, was ich denke.

# Alles ganz menschlich

## Grammatik

**6** Indefinitpronomen.
**a) Welche Bedeutungen passen zu den Wörtern? Ordnen Sie zu.**

1. jemand ☐
2. jeder ☐
3. viele ☐
4. niemand ☐

a) kein Mensch

b) alle Menschen

c) eine Person, aber ich weiß nicht wer

d) eine große Zahl von Personen

**b) Ergänzen Sie das passende Indefinitpronomen aus a).**

1. Nicht _____ kann immer selbstbewusst sein.

2. Wenn _____ unabhängig sein möchte, sollte er oder sie Geld verdienen.

3. Diese Aufgabe ist zu schwer, nicht _____ können sie lösen.

4. Mach die Tür zu, damit _____ reinkommt und unsere Überraschung sieht.
   Sie ist noch ein Geheimnis, und wenn sie _____ sieht, dann ist es keine
   Überraschung mehr!

5. Kann mir bitte _____ helfen? Ich kann nicht so gut mit dem Computer
   umgehen.

**7** René ist Musiker.

**a) Wiederholung: Deklination der Adjektive. Ergänzen Sie die Endungen.**

Wir möchten Ihnen einen nett____¹ jung____² Mann vorstellen. Er heißt
René und studiert Musik in Münster. Am Wochenende hat er ein
klein____³ Konzert. Er spielt Gitarre in einer laut____⁴ Band. Sie machen
Rockmusik. Aber René spielt auch Klassik. Er hat einen schön____⁵ Traum: Er möchte einmal
ein bekannt____⁶ Musiker sein, das ist sein Ziel und er möchte es erreichen.

**b) Fragebogen: Stellen Sie Fragen mit *Was für ...* zu René. Benutzen Sie die Nomen.
Beantworten Sie Ihre Fragen auch.**

1. der Mensch • 2. der Student • 3. das Instrument • 4. die Band • 5. der Traum

*1. Was für ein Mensch ist René? Er ist ein netter, ...*

_____

_____

_____

**8** Wiederholung: Verb + Präposition. Ergänzen Sie die Präpositionen.

Normalerweise ziehen Studenten zu Hause aus und freuen sich schon lange vorher _____ [1]
ihre neue Wohnung und _____ [2] die neue Freiheit, aber nicht René. Er versteht sich gut
_____ [3] seinen Eltern und sie müssen sich nicht oft _____ [4] ihren Sohn ärgern. Natürlich
hört er nicht immer _____ [5] sie, denn er möchte unabhängig sein und eine eigene Meinung
haben. Manchmal regen sich Renés Eltern _____ [6] die Unordnung in seinem Zimmer oder
_____ [7] die laute Musik auf. Dann sprechen sie _____ [8] das Problem und meistens
verstehen sie sich dann wieder gut. Renés Eltern interessieren sich _____ [9] seine Probleme
und unterstützen ihn: Sie geben ihm Geld oder einen guten Rat – das hängt _____ [10] der
Situation ab.

**9** So viele Fragen. Ergänzen Sie das passende Fragewort. Dann antworten Sie.

1. _____ freuen sich junge Leute, wenn sie von zu Hause ausziehen?
2. _____ verstehen sich Renés Eltern gut mit ihrem Sohn?
3. _____ hört René nicht immer auf seine Eltern?
4. _____ sprechen sie über ihre Probleme?
5. _____ unterstützen die Eltern René?

**10** Der Imperativ. Was sagt die Lehrerin? Schreiben Sie Sätze aus den Verben.

zuhören • reinkommen •
weinen • ruhig sein •
aufschreiben • keine Angst
haben • rausgehen

1. Lisa, es ist nicht schlimm, dass du dein Heft nicht findest. _____ doch nicht!
2. Ach, Markus. Du bist zu spät. _____ .
3. Das ist zu laut. Noemi und Clara, bitte _____ !
4. Morgen schreiben wir einen Test, aber _____ .
5. Bitte _____ die Aufgaben _____ . Dann könnt ihr üben.
6. Pause! _____ bitte ruhig _____ !

# Alles ganz menschlich

## Lesen

**11** Sie wollen sich bewerben und einen guten Eindruck machen. Sie suchen Hilfe bei der Vorbereitung. Lesen Sie die Anzeigen. Welche passt?

A
> **Fit bleiben für Jung und Alt!**
> Auch mit 70 kann der Körper so fit sein wie mit 40. Sie glauben es nicht? Kommen Sie zum Gymnastikkurs und sehen Sie selbst!

B
> **Sie wollen spielen?**
> Britta Fuchs – Schauspielerin aus dem Goethe-Theater – gibt wöchentlich Schauspielunterricht. Mimik, Gestik und Aussprache.
> Tel.: 0 80/65 54 32 16

C
> **Für den ersten Eindruck gibt es keine 2. Chance**
> Die Körpersprache verrät viel über uns. Mimik – Gestik – Haltung. In unserem Seminar beobachten und analysieren Sie. So können Sie andere besser verstehen und sich selbst optimal präsentieren.
> Do, den 13.07. 2012 – Anmeldung unter info@koerpersprache.de

**12** Sie kommen zum Seminar, die Dozentin begrüßt Sie und stellt den Kurs vor.
a) Lesen Sie den Text. Wie heißt das Seminar?

> *Liebe Kursteilnehmer und Teilnehmerinnen!*
> *Ich heiße Rita Sommer und begrüße Sie herzlich zu unserem Seminar „Für den ersten Eindruck gibt es keine 2. Chance". In diesem Seminar lernen Sie, wie wichtig die Körpersprache im Berufs- und Privatleben ist. Sie sehen, welche Fehler man bei sich*
> 5 *selbst vermeiden kann und wie man andere besser versteht. So können Sie neue Kontakte erfolgreich starten und Ihre alten besser pflegen.*
> *Denn: „Für den ersten Eindruck gibt es keine zweite Chance!" – Psychologen sind der Meinung, dass der persönliche Eindruck in den ersten 30 Sekunden entsteht. Wenn er negativ ist, kann man oft nicht mehr viel verändern. Natürlich sind auch Kleidung und*
> 10 *Höflichkeit wichtig, aber unser Thema heute ist die Körpersprache. Wir sprechen in unserem Seminar über Gestik und Mimik. Wir machen praktische Übungen, nehmen sie auf Video auf und sehen sie uns gemeinsam an. Wir analysieren das, was wir sehen, und spielen die Situationen dann noch einmal im Kurs nach. Das Programm ist so aufgebaut, dass Sie sehr viel praktisch lernen und auch sehr viel Spaß haben. Ich*
> 15 *wünsche Ihnen viel Erfolg beim Lernen!*

b) Lesen Sie noch einmal und ordnen Sie den Überschriften die passenden Zeilen zu. Bringen Sie sie dann in die richtige Reihenfolge.

| | Zeile | Reihenfolge |
|---|---|---|
| 1. Was wir in dem Seminar lernen | _____ | ☐ |
| 2. Auch wichtig, aber nicht unser Thema | _____ | ☐ |
| 3. Kurze Begrüßung und Vorstellung | _____ | ☐ |
| 4. Alle reden mit und haben Spaß. | _____ | ☐ |
| 5. Wir arbeiten mit modernen Medien | _____ | ☐ |
| 6. Warum die erste Begegnung so wichtig ist | _____ | ☐ |
| 7. Schlusswort | _____ | ☐ |

# Kommunikation

**13** Was sagen die Kommunikationswissenschaftler? Lesen Sie und sehen Sie sich die Grafik an. Verbinden Sie die Aussagen.

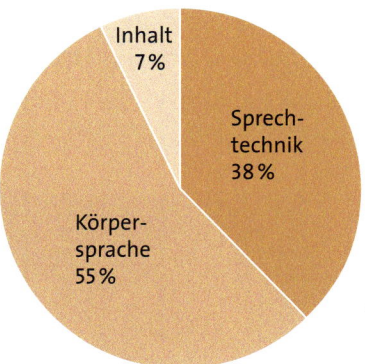

Die Wissenschaftler haben herausgefunden, dass wir beim Zuhören gar nicht so sehr auf die Wörter hören. Was wir verstehen und wie wir jemanden sehen, hängt von anderen Sachen ab.

1. Die meisten Informationen bekommt man
2. Wir achten zu fast 40 Prozent auf
3. Die Worte und das, was wir sagen

a) Betonung und Aussprache.
b) haben am wenigsten Bedeutung.
c) über Mimik, Gestik und Körperhaltung.

**14** Sie möchten sich zum Seminar aus Aufgabe 11 anmelden, aber Sie haben noch Fragen. Schreiben Sie eine E-Mail.

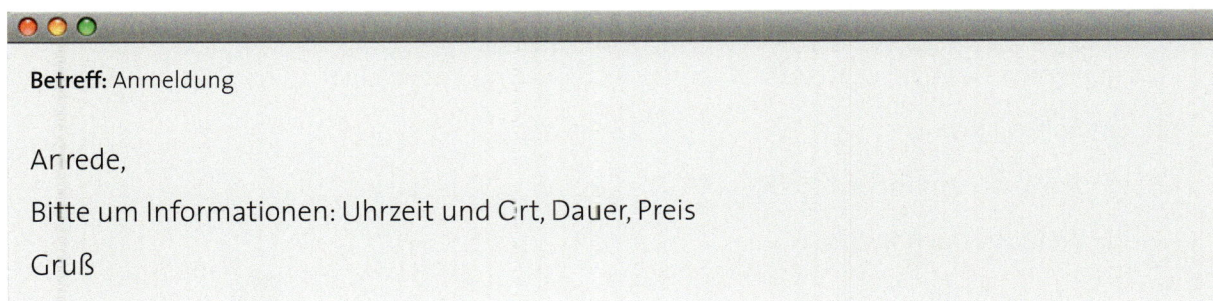

**Betreff:** Anmeldung

Anrede,

Bitte um Informationen: Uhrzeit und Ort, Dauer, Preis

Gruß

**15** Sie sind bei einer Partnervermittlung angemeldet und haben eine Nachricht bekommen. Schreiben Sie eine Antwort. Nutzen Sie die Punkte.

Hallo ...,
ich habe heute dein Profil gesehen und gedacht, vielleicht sollte ich dir mal schreiben, weil ich gelesen habe, dass du dich auch für Sternzeichen interessierst. Ich finde Horoskope toll und sehr spannend! Ich bin Skorpion und deshalb dynamisch, stark und selbstbewusst. Was bist du denn für ein Sternzeichen? Was für einen Charakter hast du?

Liebe Grüße und ich freue mich schon sehr auf deine Antwort!

- Sie interessieren sich auch sehr für Horoskope.
- Sie haben zu diesem Thema sogar zwei Bücher veröffentlicht.
- Beschreiben Sie Ihren Charakter mit Adjektiven.
- Schlagen Sie ein Telefongespräch vor.

# Stadt und Land

## Wortschatz

**1** Auf dem Land und in der Stadt. Zeichnen Sie die Wortfelder in Ihr Heft und ordnen Sie die Wörter zu. Manchmal gibt es mehrere Möglichkeiten.

die Berge • das Boot • der Bus • das Feld • der Fischer • der Fluss • die Hochhäuser •
das Huhn • die Katze • die Kuh • die Küste • der Lärm • die Natur • das Pferd •
das Schwein • die Sehenswürdigkeiten • der Stau • die Straßenbahn • die U-Bahn •
die Universität • der Vogel • der Wald • die Wiese

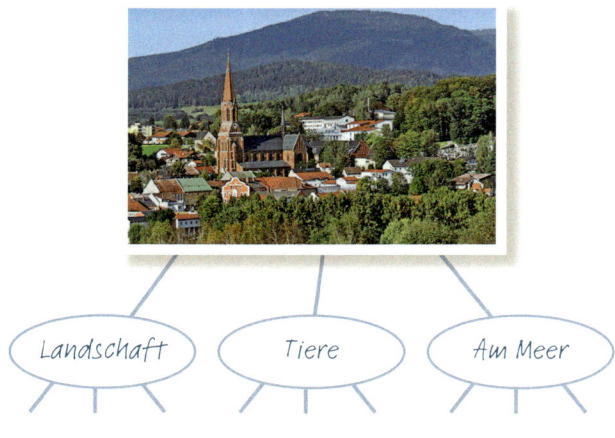 

```
Landschaft        Tiere        Am Meer              Verkehr        Gebäude
```

**2** Zusammengesetzte Wörter. Was ist das? Ergänzen Sie.

Beispiel: eine Gemeinschaft zum Wohnen = die Wohngemeinschaft

1. ein hohes Haus = _____

2. ein Korb, der am Strand steht = _____

3. die Welt um mich herum = _____

4. eine große Stadt = _____

5. das Leben auf dem Land = _____

6. ein Hof, den ein Bauer hat = _____

7. ein Mensch, der in der Stadt lebt = _____

8. die See im Norden = _____

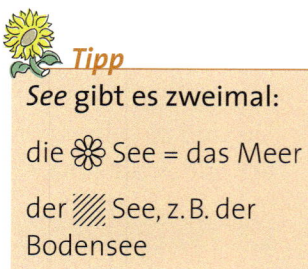

*Tipp*

*See* gibt es zweimal:

die ❀ See = das Meer

der ▨ See, z. B. der Bodensee

**3** Wie heißt die Pluralform?

ein Vogel, ein Baum, ein Blatt, ein Fluss, ein Zaun, eine Kuh,
ein Huhn, ein Strandkorb, ein Laden

*ein Vogel – viele Vögel*

Was haben alle diese Pluralwörter? _____

**12**

**4** Wörter üben und Sätze bauen.
Verbinden Sie: gelb + orange + blau und schreiben Sie die Sätze in Ihr Heft.

| Die Bauern | Viele Familien | auch wenn das Wetter nicht so gut ist, weil sie Geld verdienen müssen. |
| Christine Beck | Junge Leute | weil sie dort mehr Ausbildungs- und Freizeitmöglichkeiten haben. |
| Die Fischer | haben im Herbst viel zu tun, | damit ihre Kinder draußen spielen können und die Natur erleben. |
| bleiben lieber in der Stadt, | fahren auf die See hinaus, | weil schon ihr Vater Weinbauer war. |
| sind aufs Land gezogen, | hat ein Weingut übernommen, | wenn sie Obst und Gemüse ernten müssen. |

Variieren Sie und schreiben Sie drei neue Sätze.

# Grammatik

**5** Unterstreichen Sie die Endungen der Adjektive, die nach dem Nullartikel stehen.
Schreiben Sie in die Kästchen: Nominativ (N), Dativ (D) oder Akkusativ (A).

Immer mehr junge [N] und ältere [ ] Menschen aus großen [ ] Städten machen tägliche [ ] oder wöchentliche [ ] Einkäufe auf einem Bauernmarkt. Wir vom Radio *Sachsenwelle* haben begeisterte [ ] Marktbesucher gefragt: „Warum sind Sie heute hier?"

Jutta Buck (82): „Hier kann ich vor allem mit netten [ ] Menschen sprechen und außerdem bekomme ich immer leckeres [ ] Obst und frisches [ ] Gemüse aus der Region."

Christine Boden (32): „Wir haben kleine [ ] Kinder und sie sollen mit gesundem [ ] Essen aufwachsen. Zwischen den Lebensmitteln aus dem Supermarkt und den Sachen hier gibt es einfach riesige [ ] Unterschiede.

siebenundsiebzig **77**

# Stadt und Land

**6** Kleine Deklinationsgeschichten. Ergänzen Sie die Adjektive.

1. *Nominativ:*  Hier liegt frischer Käse.

   *Dativ:*  Ich belege meine Brötchen nur mit _____ Käse.

   *Akkusativ:*  Deshalb kaufe ich täglich _____ Käse.

**Variieren Sie diese Sätze mit „feine Wurst", „leckere Gurken", „teurer Fisch"**

2. *Nominativ:*  Auf dem Tisch steht _____ Wasser.

   *Dativ:*  Wir haben immer eine Flasche mit kaltem Wasser auf dem Tisch.

   *Akkusativ:*  Es ist gesund, wenn man _____ Wasser trinkt.

**Variieren Sie diese Sätze mit „guter Wein", „frische Milch"**

3. *Nominativ:*  _____ Äpfel sind lecker.

   *Dativ:*  Mit _____ Äpfeln kann man verschiedene Sachen kochen.

   *Akkusativ:*  Wir kaufen jede Woche rote Äpfel.

**Variieren Sie diese Sätze mit „frische Pilze", „gelber Paprika", „grüne Bohnen"**

**7** Wie viele Sätze kann man hier maximal kombinieren? Probieren Sie es aus und schreiben Sie.

| Viele | | frisches Obst |
| Die Bauern | trinken | echten Kaffee |
| Die Fischer | verkaufen | fetten Fisch |
| Brasilianer | ernten | leckeres Gemüse |

**8** Was bietet eine Großstadt? Ergänzen Sie die Endungen.

**Irina:** Warum bewirbst du dich nur in groß_____[1] Städten? Es gibt doch auch klein_____[2] Orte

mit gut_____[3] Firmen, die Spezialisten wie dich brauchen.

**Thomas:** Aber groß_____[4] Städte haben noch andere gut_____[5] Seiten. Zum Beispiel, dass wir

beide dort besser_____[6] Jobmöglichkeiten haben – und nicht nur ich.

**I:** Aber wir haben klein_____[7] Kinder, und auf dem Land bekommen sie sauber_____[8] Luft und

können besser spielen. Findest du nicht auch, dass das ein wichtig_____[9] Argument ist?

**T:** Ja, schon, aber eine groß_____[10] Auswahl an Schulen ist wichtiger.

**I:** Ach, das ist ja wirklich eine schwer_____[11] Entscheidung. Da ist gut_____[12] Rat teuer, nicht

wahr? Aber interessant_____[13] Kultur- und Freizeitangebote gibt es in der Stadt auch. Warum

mieten wir nicht ein schön_____[14] Haus mit Garten in einer nett_____[15] Vorstadt?

**T:** Toll_____[16] Idee! Das machen wir!

**9** Deklinationslied – *dieser/em/en*, *dieses/em*, *diese/er*. Ergänzen Sie die Endungen im Nominativ und die Formen im Dativ und Akkusativ.

*Nominativ:* Ach, dies___ Strand, dies___ Meer, dies___ Küste, dies___ Strandkörbe, dies___ Land!

*Dativ:* Wie romantisch ist es hier, an _____ Strand, _____ Meer, _____ Küste, in _____ Strandkörben, in _____ Land!

*Akkusativ:* Im nächsten Jahr kommen wir unbedingt an _____ Strand, _____ Meer, _____ Küste, in _____ Strandkörbe, in _____ Land zurück!

**10** Erinnerungen an diese Stadt! Ergänzen Sie mit der richtigen Form von *dieser/em/es/e*.

Als wir zum ersten Mal nach vielen Jahren in unserer alten Stadt unterwegs waren, sagte mein Vater: „In _____[1] Stadt, _____[2] Straße und _____[3] Hochhaus haben wir zehn Jahre gewohnt. An _____[4] Fluss haben wir abends manchmal gesessen. Siehst du das Krankenhaus an der Ecke? In _____[5] Krankenhaus bist du geboren. Ah und da, der Park! In _____[6] Park waren wir oft spazieren, auf _____[7] grünen Wiesen haben wir mit dir Ball gespielt. Kannst du dich an _____[8] Zeit noch erinnern?"

**11** Kleine Dialoge im Urlaub. Welche Antwort passt? Ergänzen Sie *dieser/em/en*, *dieses/em*, *diese/er*

1. Welche Wurst soll es denn sein?
2. In welchem Dorf übernachten wir?
3. Welchen Wein wollen wir trinken?
4. Welches Ferienhaus mieten wir?
5. Hast du Tiere?

a) _____ Katzen, sie sind süß, oder?
b) _____ hier, an der Nordsee.
c) In _____ , hier links auf der Karte.
d) _____ roten. Er ist gut.
e) _____ Salami bitte, für 2,30 Euro.

**12** Verb + Präposition. Schreiben Sie Sätze.

1. Katja, das Land, auf, wohnen.
2. Mit 21, nach, Berlin, sie, fahren.
3. Sie, hier, heute, studieren, an, die Universität.
4. Sie, in, wohnen, eine Wohngemeinschaft.
5. Oft, sie, sich ärgern, über, die Großstadthektik.
6. Sie, sich freuen, tolle Cafés und Bars, über, aber.

# Stadt und Land

## Lesen

**13** Landliebe.
a) Lesen Sie die Überschrift. Was fällt Ihnen zu dem Thema ein? Notieren Sie drei Stichpunkte.

### Bäuerin sucht Mann!

Carolin Bertram ist Landwirtin. Auf einem Hof in Ostfriesland mit 100 Kühen und 126 Hektar[1] Land. Sie liebt diese Arbeit, lebt für sie. Fragt sich nie, ob es sich lohnt, für 1300 Euro im Monat sieben Tage die Woche in Gummistiefeln im Stall[2] zu stehen. „Milchviehwirtschaft ist einfach mein Ding", sagt sie.

Nur mit Männern hat sie nicht so viel Erfahrung. Ein paar kleine Beziehungen gab es schon, sagt sie, aber bisher noch keine längere. Carolin sucht, aber nicht verzweifelt. Schließlich ist sie erst 25. Aber schon jetzt merkt sie: „Einfach ist es nicht, als Landwirtin einen Mann fürs Leben zu finden. Ich liebe meinen Beruf und das muss mein Partner akzeptieren. Dieses Leben ist aber nichts für Natur-Romantiker. Man muss die Kühe sieben Tage die Woche zweimal täglich melken, das ist nun mal so. Und wenn ich einen Mann finde, der auch Bauer ist, dann darf er vor allem eines nicht: Mich auf Küche, Kinder und Buchhaltung beschränken, wie das heute leider immer noch viele Bauern mit ihren Frauen machen." Moderne Landwirtinnen wie Carolin sind gut ausgebildet, klug, selbstbewusst, haben Fachhochschulreife oder Abitur, waren im Ausland. Sie wollen also keinen Langweiler, der gerade mal die nächste Kreisstadt kennt. Moderne Landwirtinnen wollen gleichberechtigt im Betrieb arbeiten, mitentscheiden, Verantwortung tragen. Sie wissen, wie man Maschinen, Tiere und Menschen betriebswirtschaftlich optimal einsetzt, Mitarbeiter und Bücher führt, und wie man hart mit Viehhändlern verhandelt. Was die Männer können, können sie auch. Warum also sollten sie nur Marmelade im Hofladen verkaufen?

1 der Hektar / die Hektare (CH) = 10.000 m² 2 der Stall – da wohnen die Kühe

b) Welche Aussage ist richtig: a, b oder c? Kreuzen Sie an.

1. Carolin Bertram
   a) ☐ trainiert Pferde.
   b) ☐ arbeitet in der Milchwirtschaft.
   c) ☐ hilft manchmal im Stall.

2. a) ☐ Sie mag Kühe eigentlich nicht.
   b) ☐ Sie sucht einen Job mit einem höheren Gehalt.
   c) ☐ Sie ist sehr gern Bäuerin.

3. a) ☐ Sie war schon einmal verheiratet.
   b) ☐ Sie sucht einen festen Partner.
   c) ☐ Sie sucht einen guten Freund.

4. Als Landwirt/in
   a) ☐ macht man regelmäßig Urlaub.
   b) ☐ hat man sehr wenig Urlaub.
   c) ☐ hat man ein romantisches Leben.

5. Carolin sagt, dass viele Bauern
   a) ☐ keine Kinder wollen.
   b) ☐ nicht heiraten wollen.
   c) ☐ eine Frau fürs Haus wollen.

6. Bäuerinnen von heute
   a) ☐ sind Fachfrauen.
   b) ☐ arbeiten fast nur im Büro.
   c) ☐ verkaufen nur Marmelade.

# Kommunikation

**14** Sie suchen ein Ferienhaus auf dem Land, weil Sie dort Ihren Urlaub verbringen wollen.

**Ihre Wünsche:**     Sie möchten jeden Tag schwimmen gehen.
Sie haben ein Auto.
Ihre Kinder sollen im Garten spielen.
In der Küche brauchen Sie unbedingt einen Geschirrspüler.
Sie möchten dort den ganzen Monat Juli verbringen.
Sie wollen grillen und bei Regen vor dem Kamin sitzen.
Sie müssen oft Wäsche waschen.

**Welche Punkte klicken Sie im Suchformular an?**

| | | | | |
|---|---|---|---|---|
| ☐ Ferienhaus | ☐ Garten | ☐ Waschmaschine | ☐ Kamin | ☐ Fluss/See |
| ☐ Ferienwohnung | ☐ Terrasse | ☐ Trockner | ☐ Holzboden | ☐ Bauernhof |
| ☐ Hotelzimmer | ☐ Grill | ☐ Geschirrspüler | ☐ Sauna | ☐ Bahnhofsnähe |

**15** Sie haben ein Ferienhaus gesehen, das Ihnen gefällt. Schreiben Sie eine E-Mail an die Vermieter. Nutzen Sie die Punkte unten.

– Die Vermieterin heißt Frau Ehrit.     – Sie sind 3 Erwachsene + 2 kleine Kinder.
– Sie mieten vom 01.07. bis zum 31.07.     – Sie möchten Fahrräder mieten.

**16** Frau Ehrit hat Ihnen einen Vertrag geschickt.
a) Füllen Sie den Vertrag aus.

| | | **Mietobjekt Ferienhaus Stella** |
|---|---|---|
| Name | _____ | |
| Vorname | _____ | Anreise _____ |
| Geburtsdatum | _____ | Abreise _____ |
| Adresse | _____ | Abholung vom Bahnhof ☐ ja ☐ nein |
| Telefonnummer | _____ | Fahrradverleih ☐ ja ☐ nein |
| Mobilnummer | _____ | Miete gesamt: 2000 Euro |

Bitte überweisen Sie bis 01.06. eine Vorauszahlung von 500 Euro und eine Woche vor der Anreise den Restbetrag auf unser Konto (s. unten).

Ort, Datum     Unterschrift Vermieter     Unterschrift Mieter
_____     _Lydia Ehrit_ _____     _____

b) Beantworten Sie die Fragen.

1. Wie heißt das Ferienhaus?
2. Wann soll der Mieter/die Mieterin wie viel Geld überweisen?

# Immer wieder Schule

## Wortschatz

**1** Wortfeld Schule. Was ist das? Ergänzen Sie. Unten finden Sie Hilfe.

1. Hier haben die Schüler/innen Sport:

   *in der* _____

2. Hier steht, wann man welches Fach hat:

   *auf dem* _____

3. Das müssen die Schüler/innen fast jeden Nachmittag machen:

   *die* _____

4. Das schreiben die Schüler/innen regelmäßig:

   *eine* _____

5. Dazu bekommen die Eltern regelmäßig eine Einladung:

   *zum* _____

6. Dann wählen Sie:

   *den* _____

(der) Elternabend • (der) Elternbeirat • (die) Hausaufgaben • (die) Klassenarbeit • (der) Stundenplan • (die) Turnhalle

**2** Wörter mit „Prüfung". Welche Verbindung passt? Ergänzen Sie die Sätze.

1. Mit diesem Übungsbuch erreichen Sie Ihr _____ bestimmt!

2. Die _____ stehen im Internet.

3. Biologie ist bei uns kein _____, wir schreiben nur einen Test.

4. Viele haben _____ und sind schrecklich nervös.

5. Die _____ waren dieses Mal nicht gut.

Prüfung + s +
Unterricht
Lehre
Termin
Angst
Traum
Stundenplan
Fach
Ergebnis
Ziel

**3** Wählen Sie das passende Wort und schreiben Sie eine Antwort.

die Klassenfahrt • der Schulabschluss • ~~das Schulgesetz~~ • die Schuluniform • die Wahl

1. Wo steht, dass jede Schule einen Elternbeirat haben muss?
2. Wie heißt die besondere Kleidung, die manche Schüler/innen in der Schule tragen müssen?
3. Wie heißt die Reise, die Lehrer und Schüler zusammen machen?
4. Wie nennt man das, wenn viele bestimmen, wer ein Amt bekommt?
5. Was hat man, wenn man mit der Schule fertig ist?

*1. Das steht im Schulgesetz.*

**4** Mein erster Schultag. Ergänzen Sie die Wörter und achten Sie auf die richtige Form.

damals • blau • Klassenzimmer • Leistung • Lehrer • Lehrerin • Schultag • Schultüte • unbedingt • Unterricht • unterrichten • werden • Zensuren

Ich weiß noch ganz genau, wie das _____¹ war. Als ich sechs war, kam ich in die Schule. Ich durfte die Farbe von meiner _____² selbst aussuchen: sie war _____³, meine Lieblingsfarbe! Aber die Schule haben meine Eltern ausgesucht. Sie wollten _____⁴, dass ich Mathematikerin _____⁵ und an der Hermann-Gmeiner-Schule gab es mehr _____⁶ in Mathematik als an anderen Schulen. Am ersten _____⁷ war ich sehr aufgeregt. Aber meine erste _____⁸, Frau Kramer, hat uns sehr herzlich begrüßt und uns das _____⁹ gezeigt. Es war hell und freundlich und ich habe mich gleich wohlgefühlt. In der ersten Klasse haben wir noch keine _____¹⁰ bekommen, unsere _____¹¹ haben die _____¹² immer mit Worten bewertet. Heute bin ich übrigens auch Lehrerin, aber ich _____¹³ nicht Mathematik!

# Grammatik

**5** Und was wirst du? Ergänzen Sie die Sätze mit der richtigen Form von *werden*.

1. Ich mache eine Lehre bei einer Bäckerei und _____ Bäcker.

2. Und du machst eine Ausbildung in einer Kfz-Werkstatt und _____ Mechatronikerin?

3. Er _____ Koch und geht zweimal die Woche zur Berufsschule.

4. Wir _____ alle tolle Profis!

5. Ihr _____ bestimmt unsere Kunden, aber auch die Konkurrenten _____ immer stärker!

**6** Wann werde ich wie? Verbinden Sie und schreiben Sie einen Text.

| | | |
|---|---|---|
| jeden Tag ein bisschen üben | glücklich | |
| eine Prüfung haben | traurig | |
| zu lange lernen | besser | werden |
| in der Prüfung Erfolg haben | müde | |
| keinen Erfolg haben | nervös | |

*Wenn ich jeden Tag ein bisschen übe, werde ich (immer) besser.*

**7** Ein Genie? Verbinden Sie die Sätze mit *trotzdem*.

1. Max hat nie fleißig gelernt. Er hatte gute Noten.

2. Er hat im Unterricht nicht aufgepasst. Er konnte immer alles.

3. Er konnte nie still sitzen und sich nicht konzentrieren. Er hatte tolle Ideen.

4. Er war frech. Alle hatten ihn gern.

5. Heute ist Max Universiätsprofessor. Er ist noch fast genauso wie früher.

**8** Meine erste Lehrerin. Ergänzen Sie die Endungen (wenn nötig) und die Pronomen.
Achten Sie auf die richtige Form.

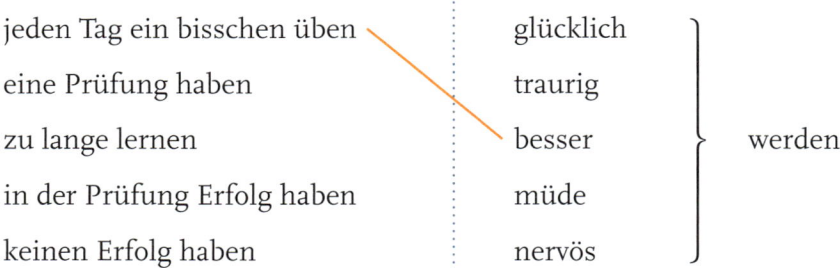

_____ denke, dass sich fast all__ Schüler aus unser__ Klasse noch an Frau Linn erinnern. _____ war nicht groß___, hatte aber eine laut__ Stimme. Sie war eine streng__ Lehrerin, aber sie war auch gerecht__ zu ihr__ Schülern und Schülerinnen. Wir konnten _____ alles erzählen und _____ hat _____ immer geholfen. Von ihr__ Unterricht waren wir begeistert, sie konnte _____ manchmal in ein richtig__ Theater verwandeln. Damit _____ besser lernen, hat _____ sich Gedichte und Lernspiele für _____ ausgedacht. Auf schwer__ Fragen hatte _____ fast immer eine Antwort. Einmal haben mein__ Freunde ein Thema nicht verstanden und Frau Linn erklärte __ _____ nach dem Unterricht, eine ganz__ Stunde lang, eigentlich in ihr__ Freizeit. Frau Linn lebte damals nur für ihr__ Beruf. _____ hatte keine keine eigen__ Kinder. Ich schreibe _____ oft und zu Weihnachten telefoniere ich manchmal auch mit _____ .

**9** Personalpronomen: Dativ oder Akkusativ? Ergänzen Sie die Pronomen.

Meine Freundin hat _____¹ einen Deutschkurs an der VHS empfohlen. Sie hat gesagt:

„Dieser Kurs hilft _____² bestimmt. Dort unterrichtet ein guter Lehrer, alle mögen _____³

und lernen gern bei _____⁴.“

Ich habe _____⁵ gleich geantwortet: „Gern. Ich danke _____⁶ für den Tipp! Wie funktio-

niert die Anmeldung?“

„Die VHS hat eine Website, du öffnest _____⁷, suchst den Kurs im Programm und klickst

_____⁸ an.“ Ich habe zuerst bei der VHS angerufen und gesagt: „Ich möchte gern bei

_____⁹ Deutsch lernen, sind noch Plätze frei?“

Die Dame am Telefon hat _____¹⁰ gesagt, dass ich noch einen Platz bekommen kann und

dass ich auch online buchen kann. „Sie bekommen von _____¹¹ dann die Bestätigung per

Post, auch die Rechnung schicken wir _____¹² schriftlich zu und Sie überweisen _____¹³

dann das Geld.“ Nach dem Gespräch habe ich mich gleich angemeldet, weil ich diesen tollen

Lehrer gern kennenlernen möchte. Ich bin schon sehr gespannt auf _____¹⁴.

**10** Den Lehrer / die Lehrerin um einen Gesprächstermin bitten. Was passt? Ordnen Sie den richtigen Buchstaben zu.

Sehr ____¹ Frau Rose,

wir haben heute mit ____² Sorge erfahren, ____³ unser Sohn für die letzte Klassenarbeit eine Fünf

____⁴ hat. Wir möchten Sie ____⁵ einen Gesprächstermin bitten, ____⁶ wir dem Kind zusammen

helfen ____⁷. Unser Sohn hat sehr ____⁸ vor der Arbeit gelernt, aber wir leben ____⁹ nicht so lange

in Deutschland und ____¹⁰ hat er manchmal Probleme mit ____¹¹ Sprache. Er lernt ____¹²

der Schule ____¹³ eine halbe Stunde Deutsch, aber vielleicht braucht er noch etwas ____¹⁴

Unterstützung?

Mit ____¹⁵ Grüßen

Silvana Martínez

a) damit   b) dass   c) geehrte   d) können   e) deshalb   f) mehr   g) nach   h) noch   i) viel
j) um   k) großer   l) bekommen   m) täglich   n) freundlichen   o) der

# Immer wieder Schule

## Lesen

**11** Glauben Sie, dass das funktioniert? a) Lesen Sie den Text.

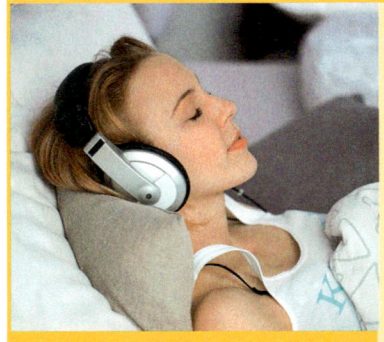

**Lernen im Schlaf**

Sie haben keine Lust auf Schule und langes Lernen? Dann kaufen Sie unser Lernprogramm und probieren Sie die fantastische Methode aus den USA aus: **Lernen im Schlaf**!
Mit dieser CD lernen Sie jede Fremdsprache schnell, leicht und gründlich. Sie sprechen ohne Akzent, haben alle Vokabeln im Kopf und das alles ohne Hausaufgaben, ohne anstrengenden Unterricht oder langweilige Lehrer. Stellen Sie sich vor: Sie gehen einfach ins Bett, schlafen gemütlich ein und im Schlaf bekommen Sie alle Informationen, die Sie brauchen. Das scheint ein Wunder, aber die Erfolge werden jeden Tag mehr. Rufen Sie uns an oder schreiben Sie uns noch heute, denn wenn Sie bis zum Monatsende bestellen, sichern Sie sich unser aktuelles Sonderangebot von nur …

**b) Was steht im Text: a oder b?**

1. a) ☐ „Lernen im Schlaf" ist ein Kurs, den man nachts besucht.
   b) ☐ „Lernen im Schlaf" ist eine CD.

2. a) ☐ Mit „Lernen im Schlaf" kann man jede Sprache ohne Akzent sprechen.
   b) ☐ Mit „Lernen im Schlaf" trainiert man nur die Aussprache.

3. a) ☐ Das Programm funktioniert ohne Lehrer/innen.
   b) ☐ Die Lerner/innen treffen die Lehrer/innen im Internet.

4. a) ☐ Auch Hausaufgaben macht man im Schlaf.
   b) ☐ Beim Lernen im Schlaf braucht man keine Hausaufgaben.

5. a) ☐ Wenn man schnell bestellt, kommt das Programm bis zum 31.
   b) ☐ Wenn man schnell bestellt, ist es vielleicht billiger.

**12** Ein Chatforum zum Thema *Lernen im Schlaf*. Lesen Sie und ergänzen Sie die Sätze.

> **Diana**
> Lernen im Schlaf? Das ist ja lustig! Das probiere ich mal aus. ☺
> **Rainer**
> So ein Quatsch, das funktioniert nicht! Wenn du eine Sprache wirklich können willst, geht es nicht ohne Lernen.
> **Lukas**
> Vor einer wichtigen Arbeit habe ich früher ein Buch unter mein Kissen gelegt (den Tipp habe ich von Oma ☺). Gewusst habe ich auch nicht mehr, aber ich war nicht so nervös.
> **Adalbert**
> Und ich habe das Programm wirklich ausprobiert. Die Sache ist Betrug und kann gefährlich sein. Ich musste am Ende sogar zum Arzt, weil ich nicht mehr richtig schlafen konnte.

1. Diana will …
2. Rainer glaubt, dass ….
3. Lukas war vor Prüfungen nicht so nervös, weil er …
4. Als Adalbert …

# Kommunikation

**13** Elternsprechtag. Was sagt die Mutter (A), was der Lehrer (B)?
Ordnen Sie zu. Dann bringen Sie die Teile in die richtige
Reihenfolge und schreiben den Dialog in Ihr Heft.

1. Hm, ich arbeite den ganzen Tag. Karel ist oft allein und
abends ist nur noch wenig Zeit und wir sind beide müde. ☐
2. Guten Tag, Frau Milovich. Sie sind die Mutter von Karel,
nicht wahr? ☐     3. Guten Tag, ich möchte mit Ihnen über
meinen Sohn sprechen. ☐
4. Ja, da haben Sie Recht. Und wenn es nicht besser wird, rufen Sie mich bitte an. Okay? ☐
5. Er passt im Untericht leider nicht auf und macht seine Hausaufgaben oft nicht. ☐
6. Gut, dass wir jetzt darüber sprechen. Können Sie am Nachmittag seine Hausaufgaben
kontrollieren? ☐     7. Was? Das habe ich nicht gewusst! ☐     8. Mach ich. Auf Wiedersehen. ☐
9. Das ist eine gute Idee. Ich frage mal seine Mutter, ob sie damit einverstanden ist. ☐
10. Ja, das stimmt. Karel hat in Ihrem Fach eine Vier. Warum? ☐     11. Sie müssen Ihren Sohn
aber trotzdem auch unterstützen und abends mit ihm über die Schule sprechen. ☐
12. Das verstehe ich. Aber ich habe eine Idee: Lenny ist sein Freund. Vielleicht können Sie
zusammen die Hausaufgaben machen? ☐

**A** Mutter
☐ 3 ☐ ☐ ☐ ☐

**B** Lehrer
☐ 2 ☐ ☐ ☐ ☐ 8

**14** Ihr Kind ist erkältet. Schreiben Sie eine Entschuldigung. Nutzen Sie die Punkte.

- Ihre Tochter, Milena Schneider, hat eine Erkältung.
- Sie muss drei Tage zu Hause bleiben.
- Milenas Freundin Susana soll jeden Tag die aktuellen Arbeitsblätter für Milena mitbringen.
  (Bitten Sie höflich darum)
- Sie danken und grüßen.

**15** Eine Diskussion: Schuluniform – ja oder nein?
Frau Martínez und Frau Rose diskutieren.
Schreiben Sie den Dialog.

Fr. Martínez (für die Schuluniform)
– gut für die Konzentration
– Kinder sollen lernen und nicht
  nur auf die Kleidung achten
– viele tragen so nur teure Marken
– die Leistungen sind bestimmt
  besser mit Schuluniformen

Fr. Rose (gegen die Schuluniform)
– aber schlecht für die Individualität
– sie sollen aber einen eigenen
  Geschmack bekommen
– das sind die Eltern, die das kaufen
– keine Statistiken

# Stärken und Schwächen

## Wortschatz

**1** Stärken und Schwächen im Kurs. Ergänzen Sie die fehlenden Wörter.

Absage • auf einmal • aussprechen • auswendig • Bewerbungen • fleißig • gründlich • klappt • schüchtern • selbstbewusst • sich merken

1. Jasmin spricht nicht viel und hat Angst vor Fehlern, sie ist _____, aber sie schreibt tolle Texte.

2. Maria muss alles oft wiederholen, denn sie kann _____ nur schwer etwas _____, aber sie ist trotzdem sehr _____.

3. Kazushi sagt: „Ich mag Grammatik und lerne gern Tabellen _____". Er ist überhaupt sehr _____ und lernt viel. Und er hilft den anderen.

4. Natalie hat schon die A2-Prüfung gemacht und schreibt jetzt _____: Sie möchte ein Praktikum im Kindergarten machen. Leider hat sie schon zwei _____ bekommen, aber sie sagt: „Irgendwann _____ es bestimmt."

5. Kim kann noch kein deutsches „R" _____, er übt noch, aber er versteht jeden Hörtext.

6. Issayase kann nicht mehrere Sachen _____ _____ machen, denn sie ist sehr _____.

**2** Welche Verben passen zu welcher Sonne?
a) Ordnen Sie zu.

auftreten auf • sich vorbereiten auf • sich konzentrieren auf • teilnehmen an • abschicken • besprechen • organisieren • schreiben • veranstalten

*das Seminar*  •  *die Bühne*  •  *die Bewerbung*

b) Schreiben Sie zu jedem Sonnenstrahl einen Satz.

**3** Ein Tag von Pavel – wie er nicht sein soll.
a) Ordnen sie die Wortgruppen den Bildern zu.

1. einen Bekannten treffen ☐
2. einen Zeitplan machen: bügeln und Papiere in Ordner legen ☐
3. total erschöpft sein ☐
4. losgehen / Ordner kaufen ☐
5. Wäschekorb voll, Schreibtisch chaotisch ☐
6. in Ausstellung mitgehen ☐

A

B

C

D

E

F

b) Beschreiben Sie den Tag.

*Der Wäschekorb ist voll und der Schreibtisch sieht chaotisch aus.*
*Deshalb macht Pavel ...*

# Grammatik

**4** Wiederholung: Reflexive Verben.

Bei den meisten reflexiven Verben steht
das Reflexivpronomen im Akkusativ.
In der der Liste gibt es drei Verben,
die das Pronomen im Dativ (*mir / dir*)
brauchen. Finden Sie sie und schreiben
Sie drei Sätze.

sich etwas ansehen, sich vorstellen (seinen
Namen nennen), sich etwas vorstellen,
sich bewerben, sich freuen, sich entscheiden,
sich etwas merken, sich anstrengen, sich gut
fühlen, sich gut vorbereiten, sich unterhalten,
sich engagieren

_____

_____

_____

_____

_____

# Stärken und Schwächen

**5** *Mir – mich? Dir – dich?* Ergänzen sie und dann entscheiden Sie: Personalpronomen (P) oder Reflexivpronomen (R)?

Liebe Yvonne,

du hast _____ ( )[1] erzählt, dass du Yoga machst und dass es

_____ ( )[2] bei der täglichen Arbeit hilft. Stell _____ ( )[3] vor, jetzt

brauche ich auch etwas, was _____ ( )[4] guttut. Ich bin in letzter Zeit

so nervös, rege _____ ( )[5] über alles auf und kann _____ ( )[6] nichts

mehr merken. Sag mal: Gefällt _____ ( )[7] dein Kurs immer noch?

Wenn ja, möchte ich _____ ( )[8] auch anmelden. Meinst du, ihr habt noch Platz für

_____ ( )[9]? Vielleicht kann ich ja mit _____ ( )[10] zusammen hingehen? Allein

fühle ich _____ ( )[11] nicht wohl, du kennst _____ ( )[12] ja. Bitte schreib

_____ ( )[13] so schnell wie möglich. Ich freue _____ ( )[14] auf deine Antwort!

Liebe Grüße, Sabine

*Tipp*
reflexiv = sich selbst:
ich schminke mich

**6** Satzverbindungen. Wo muss das Verb am Ende stehen? Schreiben Sie den zweiten Teil.

*Warum so schüchtern?*
1. Jeder von uns hat Charaktereigenschaften, ➥ **die** / nicht / gefallen / uns.
2. Wir mögen es oft nicht, ➥ **wenn** / schüchtern / sein / wir.
3. Wir sagen unsere Meinung nicht ➥ **und** / zu viel / lächeln.
4. Manche reden den ganzen Tag, ➥ **aber** / nichts / sagen / eigentlich.
5. Das tun wir, ➥ **weil** / unsicher / sein / wir.
6. Aber Unsicherheit ist ganz menschlich ➥ **oder** / denken / was / Sie?

**7** Stärken beim Smalltalk spielerisch zeigen. Welcher Konnektor passt? Ergänzen Sie.

aber • als • damit • dass • denn • der / das / die • ob • und • weil

Viele denken, _____[1] Smalltalk nichts bringt, _____[2] das stimmt nicht. Smalltalk ist

wichtig, _____[3] Sie können ihn als Werbemöglichkeit nutzen, _____[4] die anderen mehr

über Sie erfahren. Zum Beispiel hat eine Bekannte von uns, – _____[5] sie auf einer Party über

ihr Hobby, das Backen, gesprochen hat – erzählt, _____[6] sie ihre Torten auch verkauft und

_____[7] sie sogar eine Homepage hat, _____[8] ihr beim Tortenverkauf hilft. Viele fragten

gleich, _____[9] die Torten teuer sind _____[10] wie schnell sie liefern kann. So hat sie wirklich

einige neue Kunden bekommen, _____[11] sie hat einfach, lustig und nett Werbung für sich

gemacht. Es hat niemand so richtig gemerkt, _____[12] es hat funktioniert.

# Lesen

**8** Michael Ende: Momo ...

**oder Die seltsame Geschichte von den Zeit-Dieben und von dem Kind, das den Menschen die gestohlene Zeit zurückbrachte**

„Momo" ist ein kleines Mädchen, das in ein einem alten Amphitheater lebt. Sie ist arm, aber sie hat viele Freunde, die sie besuchen und ihr immer etwas mitbringen. Denn Momo kann sehr gut zuhören und die Menschen fühlen sich wohl, wenn sie ihr ihre Probleme oder einfach ihre Geschichten aus dem Alltag erzählen können. Eines Tages bekommt Momo Besuch von den „grauen Herren". Diese Männer wollen die Menschen dazu überreden, dass sie ihre Zeit sparen. Aber wer einmal dem Vertrag zugestimmt hat, für den vergeht die Zeit immer schneller – ja, man hat plötzlich keine mehr und das Leben wird immer hektischer und grauer. Wohin verschwindet all diese Zeit und wie kann Momo sie zurückbringen? Wer hilft ihr und welche Abenteuer muss sie bestehen?

Das erfährt man, wenn man den Roman liest. Der Autor Michael Ende hat ihn 1973 geschrieben und er ist seitdem in über 20 Sprachen erschienen. Es gibt die Geschichte auch als CD, als Zeichentrickfilm, als Spielfilm und sogar als Oper.

Michael Ende ist 1929 in Garmisch geboren und 1995 gestorben. Er hat zahlreiche Literaturpreise bekommen. Seine bekanntesten Werke neben Momo sind *Jim Knopf und Lukas der Lokomotivführer* und *Die unendliche Geschichte*.

**Beantworten Sie die Fragen.**

1. Wer ist Momo und wo lebt sie?
2. Was kann Momo besonders gut?
3. Was wollen die „grauen Herren"?
4. Was passiert, wenn man einen Vertrag mit ihnen schließt?
5. „Momo" ist ein Roman und was noch?
6. Aus welchem Land ist Michael Ende?

*Momo ist ein kleines Mädchen.*
*Sie ...*

**Kennen Sie die Geschichte? Dann wählen Sie eine Figur aus dem Buch und schreiben Sie ein kurzes Porträt. Geben Sie das Porträt einem Kursmitglied.**

Meister Hora  •  Gigi  •  Beppo Straßenkehrer  •  Herr Fusi, der Friseur  •  ...

*Kassiopeia* – Meister Horas Schildkröte, die eine halbe Stunde in die Zukunft schauen und doch nicht sagen kann, was als Nächstes passiert. Aber auf ihrem Panzer erscheinen manchmal rätselhafte Botschaften.

# Stärken und Schwächen

**9** Ein Bewerbungsgespräch. Was macht Herr Fischer falsch?
**a) Markieren Sie.**

*Frau Munk:* Guten Tag, Herr Fischer. Waren wir nicht um 10 Uhr verabredet? Es ist jetzt zehn nach ...?

*Herr Fischer:* Guten Tag, Frau Munk. Ja, sorry. Aber das ist nicht meine Schuld, der Zug hatte Verspätung. Schön, dass Sie mich zum Vorstellungsgespräch eingeladen haben. Ich habe schon nicht mehr daran geglaubt!

*Frau Munk:* Ja, ich freue mich auch, dass Sie jetzt endlich hier sind. Nun wollen wir aber über Ihre Bewerbung sprechen. Sie haben in Ihrer Bewerbung geschrieben ...

*Herr Fischer:* Ja-ja, meine Bewerbung. Wissen Sie, ich habe die Mappe jetzt nicht bei mir und weiß gar nicht mehr, was ich da genau geschrieben habe. Könnte ich vielleicht in Ihrem Exemplar noch einmal kurz lesen?

*Frau Munk:* Äh, Herr Fischer, ich weiß nicht ... Ich denke, Sie müssen jetzt nichts lesen, wir sollten uns einfach unterhalten. Zuerst möchte ich wissen, wo Ihre Stärken liegen.

*Herr Fischer:* Oh, das ist eine schwere Frage. Ich denke, das kann man ja selbst gar nicht so wissen – ähm, es stört Sie doch nicht, wenn ich rauche?

*Frau Munk:* Tur mir leid, Herr Fischer, das ist ein Nichtraucher-Büro. Aber Sie haben Ihre Arbeit sicher auch manchmal analysiert und wissen, was gut und was schlecht war?

*Herr Fischer:* Ja, sicher. Ich sehe mir meine Arbeit am Ende an und entscheide, ob sie mir gefällt oder nicht, aber meine Stärken? Na ja, ich bin nett. Das sagen alle meine Freunde.

*Frau Munk:* Hmh. Und Ihre Schwächen? Oder haben Sie keine?

*Herr Fischer:* Doch, doch, natürlich habe ich welche! Ich kann meine Zeit zum Beispiel nicht immer gut einteilen.

*Frau Munk:* Interessant, hier haben Sie gleich eine genaue Antwort gegeben. Und was sind Ihre beruflichen Ziele für die nächsten fünf Jahre?

*Herr Fischer:* Na, bei Ihnen arbeiten ... aber ich hätte da noch eine Frage: Ich verreise sehr gern, ab wann kann man denn bei Ihnen Urlaub nehmen?

*Frau Munk:* Ich glaube, so weit sind wir noch nicht ...

**b) 10 Tipps für ein erfolgreiches Bewerbungsgespräch. Welche hat Herr Fischer *nicht* beachtet? Kreuzen Sie an und vergleichen Sie mit a).**

1. ☐ Informieren Sie sich vorher über die Firma im Internet.
2. ☐ Kleiden Sie sich gepflegt, aber so, dass Sie sich wohl fühlen und dass es zur Firma passt.
3. ☐ Nennen Sie Ihren Gesprächspartner beim Namen.
4. ☐ Halten Sie Ihre Unterlagen (Bewerbungsmappe, Zeugnisse etc.) bereit.
5. ☐ Sie müssen unbedingt pünktlich sein (evtl. einen Tag vorher anreisen).
6. ☐ Rauchen Sie nicht, auch dann nicht, wenn man Ihnen eine Zigarette anbietet. Auf keinen Fall danach fragen.
7. ☐ Wenn man Sie nach Ihren Schwächen oder Fehlern fragt, geben Sie eine kurze, sachliche Antwort und erzählen Sie, wie Sie das Problem gelöst haben / lösen.
8. ☐ Nutzen Sie die Frage nach Ihren Stärken und erzählen Sie etwas über Ihre Arbeitsweise (gerne mit einem kurzen Beispiel aus einer früheren Arbeit).
9. ☐ Wenn man Sie nach Ihren Zielen fragt, zeigen Sie, dass sie sich gut vorbereitet haben und wissen, welche Möglichkeiten es für Sie in dieser Firma gibt.
10. ☐ Fragen Sie im ersten Gespräch niemals nach Urlaub.

# Kommunikation

**10** **Passt das zu meinem Beruf?**
**a) Lesen Sie und füllen Sie die Tabelle aus.**

**Wussten Sie schon, dass ...?**

nicht jede Stärke zu jedem Beruf passt? Was für eine Sekretärin vielleicht eine Schwäche ist,
kann zum Beispiel für einen Lehrer eine Stärke sein. Im Internet kann man Listen von Berufen
finden und sehen, welche Eigenschaften gut zu diesem Beruf passen und welche eher negativ
sind.

Quelle: http://www.intsel.de/Staerken-und-Schwaechen-Beispiele.php

das ist gut: ☺    das ist schlecht: ☹    das ist egal: 😐

|  | Erzieher/in | Elektriker/in | Manager/in | Bodyguard | Busfahrer/in |
|---|---|---|---|---|---|
| 1. redet gerne mit vielen Menschen |  |  |  |  |  |
| 2. langsam, genau und gründlich |  |  |  |  |  |
| 3. arbeitet schnell |  |  |  |  |  |
| 4. pünktlich, hält Zeitpläne ein |  |  |  |  |  |
| 5. flexibel, kann Pläne auch mal spontan ändern |  |  |  |  |  |
| 6. probiert gern Neues aus |  |  |  |  |  |

**b) Schreiben Sie Sätze mit den Ergebnissen aus der Tabelle.**

*Es ist gut, wenn ein/e Erzieher/in ..., aber schlecht, wenn*

**11** **Smalltalk machen. Schreiben Sie den Dialog in Ihr Heft.**

das Wetter fantastisch?

auch keinen Regen mögen?

ja, Recht haben, bei Wind nicht gut schlafen können.

letztes Jahr – ein starker Sturm im Sommer.

hoffentlich – kein Sturm in diesem Sommer.

nein, aber viele Blumen auf dem Balkon.

viele Blumen – kaputt, nach dem Sturm.

Prost!

↘ stimmt – Sonne scheint, sehr schön

↘ doch / wenn man gemütlich zu Hause ist

↘ Wind – sogar Angst machen.

↘ ja, genau / viele Unfälle / es gab.

↘ einen Garten haben?

↘ ich / einen haben, ein Sturm / ganz schlecht für den Garten.

↘ auf gutes Wetter trinken?

## Wohnen und Zusammenleben

**1** Sehen Sie die Fotos an. Welche verbinden Sie mit dem Leben in der Stadt? Warum? Sprechen Sie im Kurs.

**2** Welche Aussage passt zu welchem Foto? Ordnen Sie zu.

1. Wir haben sechs Kinder und die Wohnung war immer zu klein. Jetzt haben wir zum Glück ein Haus. ☐

2. Ich lebe in Rinteln, das ist eine kleine Stadt an der Weser. Hier bin ich schon geboren und hier möchte ich bleiben. Das ist meine Heimat und ich kenne hier fast jeden. ☐

3. Letztes Jahr bin ich 80 geworden und in eine Wohnanlage für Senioren gezogen. Dort habe ich meine eigene kleine Wohnung, aber ich bekomme auch Hilfe für meinen Alltag. ☐

4. Ich bin Single und lebe allein in Leipzig. Im Moment genieße ich meine Freiheit, aber irgendwann möchte ich wieder zu zweit sein. ☐

5. Wir leben in der Stadt in einem großen Mietshaus. Wir haben Glück, denn unsere Hausgemeinschaft ist toll. Die Kinder spielen zusammen und jeder hilft. ☐

6. Ich studiere in München und wohne mit drei anderen Studenten in einer Wohngemeinschaft. Das ist nicht so teuer und es ist lustig. Auch wenn es manchmal Streit gibt. ☐

7. Endlich auf dem Land! Nach zehn Jahren in einem Hochhaus in der Stadt lebe ich jetzt endlich in einem alten Bauernhof. Das war immer mein Traum. ☐

**3** Markieren Sie Wörter rund ums Wohnen in Aufgabe 2 und machen Sie ein Wörternetz.

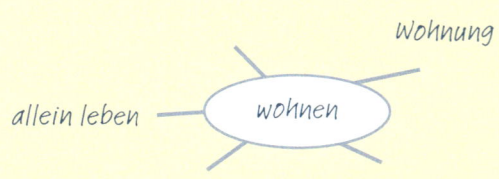

allein leben — wohnen — Wohnung

**4** Einen langen Text lesen. Mehr oder weniger? Kreuzen Sie an.

|  | mehr | weniger |
|---|---|---|
| 1. In Deutschland gibt es … Millionenstädte als in Österreich. | ☐ | ☐ |
| 2. In D A CH leben … Menschen auf dem Land als in der Stadt. | ☐ | ☐ |
| 3. Es leben … Menschen allein als in einer Familie. | ☐ | ☐ |
| 4. In Deutschland gibt es … Familien mit einem Kind als mit zwei Kindern. | ☐ | ☐ |

## Zahlen und Fakten: Wie leben die Menschen in D A CH?

In D A CH gibt es keine Megastädte wie in Asien oder Lateinamerika. Die größte Stadt, Berlin, hat 3,5 Mio. Einwohner, Wien hat 1,6 Mio und ist damit die einzige Stadt in Österreich mit mehr als einer Million Einwoh-
5 nern. In der Schweiz gibt es gar keine Millionen-städte, Zürich als größte Stadt hat ca. 340.000 Ein-wohner. Diese Größe ist ganz typisch für die Großstädte im deutschsprachigen Raum. Nur Ham-burg (1,8 Mio) und München (1,3 Mio) überschreiten
10 noch die Millionengrenze. Aber es gibt viele Groß-städte mit über 100.000 Einwohnern und auch sehr viele mittelgroße Städte (ab 10.000 Einw.). So leben auch die meisten Menschen in D A CH in einer mittel-großen oder großen Stadt. In Österreich lebt ein
15 Drittel aller Menschen auf dem Land, in der Schweiz noch ein Viertel (26 %) und in Deutschland sind es nur 16 Prozent.
Vor allem in den großen Städten steigt die Zahl der Ein-Personen-Haushalte. Das heißt, immer mehr
20 Menschen leben allein. In Berlin sind schon mehr als die Hälfte (52,4 %) und in Österreich und der Schweiz ungefähr ein Drittel aller Haushalte Ein-Personen-Haushalte. Das liegt daran, dass es immer mehr Rent-ner gibt, die alleine leben. Aber auch daran, dass die
25 Statistik Lebensgemeinschaften als Einzelhaushalte zählt, die eine getrennte Haushaltsführung haben, wie zum Beispiel Wohngemeinschaften oder unver-heiratete Paare mit getrennten Konten. Aber es gibt auch immer mehr Singles, die – freiwillig oder unfrei-
30 willig – alleine leben. Trotzdem ist die Familie nach wir vor das beliebteste Lebensmodell. In allen drei Ländern lebt noch immer knapp die Hälfte aller Men-schen mit Kindern zusammen, ob als Paar - verheira-tet oder unverheiratet - oder als Alleinerziehende.
35 Aber die Kinder werden weniger. In Deutschland sind die Familien, in denen es nur ein Kind gibt, schon mehr als die Hälfte aller Familien (51,6 %), ein gutes Drittel hat zwei Kinder (36,5 %) und 9,3 Prozent aller Familien haben drei Kinder. Aber dass es in einer Familie vier oder mehr Kinder gibt, ist sehr selten
40 (1,5 %).
In den Familien sind die verheirateten Eltern immer noch am häufigsten (z. B. in Österreich 42 %). Aber in den großen Städten sind schon ein Drittel aller Fami-lien sogenannte „Patchworkfamilien", das heißt die
45 Kinder sind zum Beispiel aus vorherigen Beziehungen und der neue Partner / die neue Partnerin ist nicht der Vater / die Mutter.
Es gibt heute sehr viele verschiedene Lebensformen, die man kaum noch in exakten Zahlen erfassen kann.
50 Wer will noch sagen, ab wann eine Familie eine Fami-lie ist? Die alleinerziehende Mutter, das unverheira-tete Paar ohne Kinder, die guten Freunde, die schon lange zusammen leben … verdienen nicht alle den Namen „Familie", wenn sich die Menschen in ihrer
55 Gemeinschaft als Familie fühlen?
Aber eines sagen die Zahlen doch ganz klar: In D A CH, und hier vor allem in Deutschland, gibt es immer mehr ältere Menschen und immer weniger Kinder!

**5** Informationen sammeln.

a) Suchen Sie Informationen im Text zu den folgenden Stichpunkten.

| große Städte | Ein-Personen-Haushalte | Familie |
|---|---|---|
| | | |

b) Wählen Sie ein Thema aus a) aus und fassen Sie die Informationen in 3–5 Sätzen zusammen.

*Die größten Städte in D A CH sind …*

**6** Familie. Was kann das alles sein? Diskutieren Sie.

# Bildquellenverzeichnis